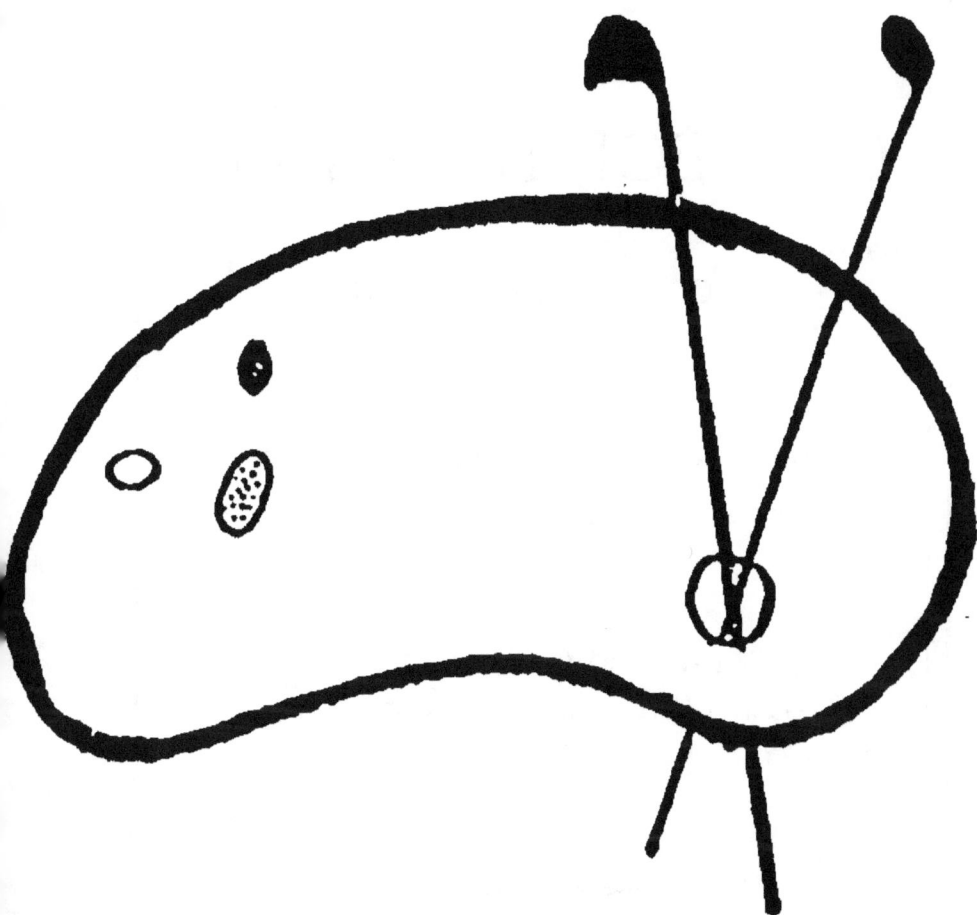

DEBUT D'UNE SERIE DE DOCUMENTS
EN COULEUR

LE

COLLÉGE DE SEDAN

NOTICE HISTORIQUE

SUR

SON ORIGINE, SES TRANSFORMATIONS

ET SA NOUVELLE ORGANISATION,

PAR

FRANÇOIS-FRANQUET

MEMBRE DE LA SOCIÉTÉ DES ÉTUDES HISTORIQUES.

AMIENS,

IMPRIMERIE DELATTRE-LENOEL,

30, RUE DES RABUISSONS, 30,

1877

LE

COLLÉGE DE SEDAN

NOTICE HISTORIQUE

SUR

SON ORIGINE, SES TRANSFORMATIONS

ET SA NOUVELLE ORGANISATION.

LE

COLLÉGE DE SEDAN

NOTICE HISTORIQUE

SUR

SON ORIGINE, SES TRANSFORMATIONS

ET SA NOUVELLE ORGANISATION,

PAR

FRANÇOIS-FRANQUET

MEMBRE DE LA SOCIÉTÉ DES ÉTUDES HISTORIQUES.

AMIENS,

IMPRIMERIE DELATTRE-LENOEL,

30, RUE DES RABUISSONS, 30,

—

1877

LE COLLÉGE DE SEDAN

NOTICE HISTORIQUE SUR SON ORIGINE, SES TRANSFORMATIONS
ET SA NOUVELLE ORGANISATION.

PREMIÈRE PARTIE

INSTITUTIONS ANCIENNES.

Le dernier des Valois étudiait encore la grammaire et se livrait aux pratiques d'une dévotion puérile ; Catherine de Médicis vivait dans la croyance aux sortiléges et aux maléfices, et accoudée sur le livre de Machiavel, son évangile, méditait de nouvelles perfidies ; les protestants, le roi de Navarre à leur tête, reparaissaient en armes aux portes de Paris et l'aurore sanglante d'une nouvelle guerre civile se levait sur la France (1), lorsque sur ses confins s'ouvrait une ère de paix, de prospérité et de gloire littéraire pour la petite principauté des La Marck.

C'était vers le milieu du xvie siècle que Robert IV de La Marck, le pacifique gendre de Diane de Poitiers, avait élevé au rang de souveraineté le château de Sedan, ce nid fortifié que ses ancêtres avaient placé sur un rocher au bord de la Meuse.

Ce prince était mort en 1556 et Henri Robert, son fils et son successeur, avait embrassé la religion réformée à l'exemple de Françoise de Bourbon, qu'il avait épousée et dont il partageait les convictions ardentes.

A la suite du massacre de la Saint-Barthélemy des protestants en grand nombre s'étaient réfugiés près d'eux, et l'on peut se figurer combien fut sympathique et généreux l'accueil que reçurent à Sedan ces coréligionnaires persécutés, qui venaient enrichir la ville en y

_____

(1) En 1574.

apportant l'art de la fabrication des draps, et l'illustrer en y pratiquant avec une même ferveur leur culte religieux et celui des sciences et des lettres.

Aux plus savants Henri Robert avait confié l'enseignement public, et la mémoire de ce prince fut particulièrement honorée parce qu'il avait favorisé l'instruction et doté la ville d'un code de lois qui eut une durée de deux siècles, et dans lequel, grâce aux lumières qui avaient déjà pénétré dans la principauté, ainsi qu'à Rome pour le parricide, le crime de sorcellerie ne fut pas même nommé.

A sa mort, arrivée en 1572 (1), se révèle avec éclat le grand caractère de Françoise de Bourbon.

Devenue régente (ses deux enfants Guillaume et Charlotte étaient mineurs), elle se montre envers les catholiques aussi tolérante que le prince son époux, mais, plus ardente que lui dans son prosélytisme, elle use de son pouvoir pour faire prédominer dans la principauté les doctrines calvinistes.

Instruire et amener à sa croyance religieuse par la conviction, voilà les deux buts élevés qu'elle se propose d'atteindre.

Aussi commence-t-elle à s'emparer de la jeune génération en l'appelant à recevoir les leçons de maîtres recommandables par leur science et leurs vertus sévères.

Marchant résolûment dans cette voie que lui aplanissent, sous la docte main de Toussaint Berchet, les nombreux savants qui l'entourent, elle convertit l'Hôtel-Dieu-Duménil en un collége destiné à l'instruction de la jeunesse des deux cultes en vigueur dans la principauté ; elle en confie la direction aux calvinistes ; elle le dote magnifiquement, puis elle établit cette compagnie renommée qui prend le nom de Conseil des Modérateurs et qui est chargée de la gestion des biens et affaires de l'établissement ainsi que de la surveillance des études (2).

---

(1) L'année de la paix de La Rochelle ; deux ans avant l'avènement de Henri III.

(2) Par son édit du 8 novembre 1576 la Régente attache à l'établissement qu'elle fonde, tous les biens et revenus de la maison des Douze Apôtres (l'Hôtel-Dieu), moitié des biens de l'hôpital de Douzy et plusieurs Censes à la charge de payer une rente aux bureaux de charité et d'assister certaines fondations hospitalières. Ces dispositions donnèrent lieu à la création d'un bureau spécial au sein du Conseil des Modérateurs.

La régence de Françoise de Bourbon cesse en 1583, mais son œuvre continue à grandir et quand Henri de La Tour d'Auvergne, comte de Turenne, devient l'époux de Charlotte de La Marck, qui a succédé à son frère Guillaume mort prématurément, le Collége jouit déjà d'une grande réputation.

Le tombeau peut se refermer sur cette princesse, dernière héritière des La Marck, ainsi que sur l'enfant qu'elle vient de mettre au jour, sans que l'édifice scientifique de Françoise de Bourbon en soit ébranlé ; il s'affermira au contraire sur ses bases et se couronnera d'un faîte monumental.

À l'inspiration toujours féconde de Toussaint Berchet, Henri de La Tour, devenu duc de Bouillon et prince souverain de Sedan, fera de cette création un des monuments les plus fameux de la science et de la réforme, une Académie dont il rehaussera l'éclat en plaçant à ses côtés deux filles dignes d'elle, une bibliothèque et une imprimerie des plus remarquables de l'époque ; et, lorsqu'il voit la jeunesse étrangère elle-même venir s'asseoir en foule sur les bancs de l'école, il ne doute plus du succès et il met sa plus grande gloire à assurer à son œuvre un brillant avenir (1).

Il va même, dans sa scientifique ardeur, jusqu'à se montrer peu scrupuleux dans l'emploi des moyens, en réunissant au bureau de la recette du Conseil des Modérateurs tous les biens des abbayes et des monastères, en sorte que l'autorité de ce Conseil avait fini par s'étendre sur tout ce qui avait rapport à la religion (2).

Cette autorité, en ce qui concerne le culte calviniste, fut en effet solennellement reconnue lorsqu'en 1607 le synode de La Rochelle décida : « que l'Académie sedanaise aurait le droit de fournir des pasteurs de » son sein aux autres églises et de choisir ses professeurs parmi » celles-ci. »

Las d'intriguer, et souvent forcé de déposer les armes, le prince

---

(1) Voyez sur l'organisation du collége de Françoise de Bourbon et de l'Académie protestante les chroniques manuscrites du père Norbert et de Lenoir-Peyre et la *Revue historique des Ardennes*, par Sénemaud, 3e vol. 5e livraison.

(2) Les appointements des professeurs, les pensions des ministres et des curés, les réparations des églises et des temples, tout était de son ressort.

s'était appliqué à faire de son Académie une véritable Université en y favorisant et en y élevant l'enseignement de toutes les sciences.

Avec cette perspicacité, qui est le propre du génie, il avait su, par de sages règlements, tout prévoir, tout ordonner (1).

De là, l'étonnante diversité dans les arts et les sciences qui furent enseignés à Sedan, où la jeunesse affluait de toutes parts pour faire ses humanités, se préparer au sacerdoce du ministère ou du professorat, étudier les sciences abstraites et même se former aux exercices militaires.

Et cette classe des exercices militaires n'était pas la moins renommée, bien que depuis longtemps la science des armes ne fût plus la seule estimée par les familles nobles, ce qu'il n'est besoin de dire des La Marck et des Turenne, qui des premiers ont regardé comme une gloire de savoir tenir une plume aussi bien que manier une épée (2).

C'est ainsi qu'un merveilleux concours de circonstances, la bonne direction des études, le mérite éminent des professeurs, l'active surveillance et l'intelligente autorité des modérateurs, et, pardessus tout, la munificence d'un prince jaloux de faire briller au milieu des monu-

---

(1) Par un remarquable édit du 23 août 1613 il avait divisé l'Académie en trois classes; il y avait : les académistes des exercices, ceux des lettres et les écoliers du Collège. L'édit établissait la juridiction à laquelle chacune de ces classes était soumise.

Les premiers conseillers modérateurs nommés par le prince, furent :

Lecomte, Tilenus, Caillet, Desmerlières, Deshayes, Lalouette, président du conseil Roussel.

En 1611 Melvin, le premier, avait professé la théologie, et les années suivantes Hutin avait été professeur de langue hébraïque, Richard Donnet de mathématiques.

Parmi les savants ministres qui, en 1620, ornaient l'église calviniste, on distingue : Jacques Cappel et le célèbre Pierre Dumoulin, professeur de théologie et précepteur des jeunes princes. Turenne eut aussi pour précepteur et pour maître Tillin (Daniel TILENNUS).

N'oublions pas Charles Drelincourt et Adrien Rambour, ministres nés à Sédan vers la fin du xvie siècle, auteurs de plusieurs ouvrages religieux.

(2) Tel était l'adventureux de Fleuranges, seigneur de Sedan en 1489 sous le nom de Robert II.

ments dont il ornait la ville celui qui devait l'illustrer, avaient transformé le petit collége de Françoise de Bourbon en une Académie
célèbre qui fit donner à Sedan le nom de petite Genève.

Après avoir doté sa petite principauté d'une nouvelle gloire de plus,
Henri de La Tour était mort (1), et durant la régence d'Elisabeth de
Nassau, sa seconde femme, la noble et vertueuse mère de Fréderick
Maurice et du grand Turenne, l'Académie avait suivi le cours de ses
brillantes destinées, lorsqu'à sa majorité Frédérick Maurice prit
possession de la principauté (2) et répudia le calvinisme (3).

Sans favoriser ouvertement le nouveau culte qu'il venait d'embrasser,
ce prince cessa de soutenir de ses libéralités les établissements de son
père ; il appela les Capucins, ces zélés prédicateurs ; il provoqua des
conférences religieuses qui ébranlèrent les convictions, et bientôt le catholicisme reprit vigueur dans la principauté.

Victorieux à la bataille de la Marphée, nommé général en chef de
l'armée d'Italie à la suite de ce beau fait d'armes et de sa reconciliation
avec le roi, Frédérick Maurice croyait n'avoir plus rien à redouter des
entreprises de Richelieu sur Sedan devenu un perpétuel foyer d'intrigues, lorsqu'éclata la conjuration de Cinq Mars et que, pour sauver
sa tête, il fut forcé d'abandonner sa principauté.

Cet abandon eût lieu sans réserves, et cependant le cardinal Mazarin
en prenant, en 1642, possession de Sedan au nom du roi laissait à la
ville la jouissance de son Conseil souverain, de son Académie et de
ses priviléges ; de plus il lui donnait l'illustre Fabert pour gouverneur.

Le *souple* et *adroit* cardinal sait combien la population est attachée
à ses princes et à ses libertés ; il comprend qu'il faut du temps et de
la modération pour la courber sous la domination française, et le
16 juillet 1644 paraît l'édit de Ruel qui la maintient en possession
de ses Écoles, Académie, Bibliothèque et Maison de Ville (4).

---

(1) En 1623.
(2) En 1627.
(3) En 1636, à la suite de son mariage avec Éléonore de Berg, la fervente catholique.
(4) Cet édit laissait en outre aux habitants de la Principauté les trois temples de
Sedan, Raucourt et Saint-Menges, et leur en accordait deux autres à Francheval et à
Givonne, à la condition d'abandonner aux catholiques les églises et les cimetières
qui servaient aux deux Religions.

Longtemps encore, à la faveur de cet édit, Palladium, disait-on avec emphase, des libertés sedanaises, l'Académie illustrera la principauté, beau fleuron qui ne peut plus être détaché de la couronne de France.

C'est en vain que, profitant des troubles qui agitaient le royaume, Frédérick Maurice tentera de ressaisir son domaine ; ses intrigues seront déjouées par Fabert qui, par sa prudence et sa fermeté, parviendra à désarmer l'esprit rebelle des habitants, et en 1651 un contrat d'échange réunira définitivement à la France cette petite conquête, fruit d'une politique habile et pacifique (1).

A cette époque, parmi les savants, c'étaient encore les plus illustres des réformateurs qui tenaient à honneur d'enseigner à Sedan (2), bien qu'on pût déjà prévoir que le protestantisme ne pourrait plus dominer longtemps là où au droit de libre examen aurait succédé le devoir d'une soumission absolue.

A la mort de Mazarin (3) apparaît le génie dominateur et centralisateur de Louis XIV, et c'est l'avant coureur des mesures agressives qui seront prises contre l'Académie que cet édit de 1661 supprimant le Conseil souverain et l'ancien bailliage pour mettre à leur place un autre bailliage et un siége présidial plus étendu.

Une fois investis des nouvelles charges les catholiques s'emparent de l'autorité, et usant de représailles ils demandent à leur tour :

L'exclusion pour les protestants des principales dignités ;

L'expulsion pour les professeurs de l'Hôtel-de-Ville où ils donnaient leurs leçons ;

Le rétablissement de l'Hôtel-Dieu dans la maison des Douze Apôtres où était le Collége, et la création d'un collége catholique en le dotant des revenus assignés sur le domaine en faveur de l'Académie.

---

(1) Ce contrat d'échange fut suivi de la déclaration du roi en forme de Lettres patentes portant : que les souverainetés de Sedan et Raucourt (cette dernière ayant fait retour à la mort de Françoise de Brézé) demeureront dans le même degré de souveraineté comme elles étaient avant la cession qui en a été faite.

(2) En 1652 Lefebvre y enseignait le droit, Brazy le grec, Josué Levasseur l'hébreu ; Abraham Du Han était professeur de philosophie et docteur en médecine ; le ministre Le Blanc de Beaulieu avait la survivance de la chaire de théologie qu'occupait encore Pierre Dumoulin, ministre et professeur, l'oracle du calvinisme.

(3) 3 juillet 1661.

Cette magnifique institution, si vivace alors, et qui bientôt mourra d'inanition, se soutiendra d'elle-même si elle en a la force, car, en présence de réclamations légitimes au moins sur ce point, l'établissement d'un collége orthodoxe ne pouvait plus être ajourné, et comme les vues du maître s'accordaient avec les sentiments manifestés par les catholiques sedanais, « on donnera, dit notre chroniqueur, à la jeunesse » catholique des maîtres qui seront payés par les calvinistes. »

A côté de l'Académie protestante va donc s'élever comme une machine de guerre, et pour la battre en brèche, ce collége qui, après avoir traversé nos troubles politiques et subi les orages de l'anarchie, s'est relevé, rajeuni, transformé et subsiste encore de nos jours.

LE COLLÉGE CATHOLIQUE.

La création d'un collége catholique à Sedan est le premier acte d'un prince qu'irrite déjà la constance dans sa foi religieuse de ce petit peuple d'hérétiques s'opposant au plein exercice d'une autorité suprême.

Pour Sedan il ne pouvait cependant y avoir dans l'âme du grand roi ni haine ni dédain.

Les calvinistes de la principauté obéissaient avec soumission aux ordres de son gouvernement et le roi ne pouvait oublier, ni les priviléges accordés par ses prédécesseurs aux habitants de la communauté ni l'édit de Rueil, hommage éclatant de tolérance envers eux.

Il avait apprécié leur valeur guerrière (1) et il trouvait sans doute dans ce petit centre d'études transcendantes et d'activité industrieuse les linéaments des grandes institutions qui devaient contribuer à illustrer son règne.

Il lui répugnait donc d'user de violence envers les calvinistes se-

---

(1) En passant à Sedan pour se rendre à Stenay après son sacre (en 1654) Louis XIV avait dit à ses courtisans en vue de la Compagnie de la Jeunesse, milice organisée par Françoise de Bourbon : « Voilà, messieurs, la plus belle, la plus leste « et la plus fière compagnie de mon royaume et celle qui me coûte le moins à en- « tretenir. » (Chronique de Lenoir-Peyre).

danais, et « son bras qui se levait déjà menaçant sur le protestantisme » ne devait pas encore s'appesantir sur eux (1). »

Il préférait régler sa conduite sur les inspirations de son sage gouverneur qui, mieux que son maître, connaissait les différences des deux religions en présence.

Honorant les vertus chrétiennes de ses frères égarés, Fabert ne voulait employer que des moyens pacifiques pour les ramener au catholicisme et il espérait y arriver en réalisant son projet d'union (2).

Le souvenir des voies et moyens employés par Françoise de Bourbon tracera la marche à suivre.

Par lettres patentes de 1663, Louis XIV fonde à Sedan un collége de premier ordre (3) qu'il dote en lui assignant sur le Domaine la moitié des revenus qu'en recevait l'Académie protestante (4).

Il en confie la direction aux Jésuites de la province de Champagne, ces habiles éducateurs de la jeunesse et, de tous les religieux voués à l'enseignement, les plus capables d'engager la lutte avec la savante Académie (5).

Aussi leur règne scolaire, quoique peu prospère à la fin, durera-t-il à Sedan pendant tout un siècle.

L'existence de l'Académie sera de plus courte durée.

De cette première atteinte elle recevait un choc terrible et cependant, bien qu'affaiblie et mutilée, nous allons la voir pendant dix-huit ans encore, sauvegarder noblement sa supériorité et, par son ardeur et sa constance dans la lutte, conserver sa haute réputation dans les pays protestants.

---

(1) C'est la belle image dont se sert notre chroniqueur pour marquer les tempéraments dont usa Louis XIV dans sa politique à l'égard de Sedan.

(2) Le projet d'union entre les catholiques et les protestants, le fameux rêve de Leibnitz. C'eût été en même temps satisfaire un maître jaloux de sa puissance.

(3) Collége où le nombre des professeurs était égal à celui des classes.

(4) Outre une somme de 10,000 livres, pour premiers frais, le roi en avait encore ajouté (1,000) mille à cette allocation, en sorte que le Colége jouissait, au début, d'une rente de 5,500 livres, tandis qu'il ne restait plus à l'Académie que celle de 4,500 livres pour payer non-seulement les appointements de ses *nombreux* professeurs mais encore de *tous ses ministres*.

(5) Le père Adam, Jésuite, auteur du livre intitulé : *Calvin défait par soi-même,* fut un des Recteurs.

Les autorités catholiques s'étant emparées de l'Hôtel-de-Ville, il fallut trouver un lieu où pourraient enseigner les professeurs et s'assembler les membres du Consistoire ; c'est au moment même où sa dotation est si cruellement réduite que ses charges augmentent.

A défaut de ressources, le zèle et le dévouement feront merveille ; ministres et professeurs, tous à l'envi, se contenteront du traitement le plus modeste ; les uns enseigneront gratuitement, « les autres, avec » la robe de ministre, prendront le bonnet de docteur. »

Grâce à ce noble désintéressement, le niveau des études put se maintenir dans les cours supérieurs ; seul, le Collége qui était le point le plus vulnérable et le plus directement attaqué, déclina rapidement et, comme les fonds manquaient, on le sacrifia pour sauver les chaires de grec et d'hébreu (1).

L'établissement catholique, désormais sans rival, prospérait donc et se consolidait de plus en plus, tandis que l'Académie, ébranlée dans ses fondements, ne se soutenait plus qu'avec peine.

Elle est près de sa fin et la voilà qui tout-à-coup brille d'un plus vif éclat ! « Comme un flambeau, dit notre chroniqueur, qui prêt à » s'éteindre paraît se ranimer et signaler ses derniers instants par » une lueur éblouissante. »

C'est surtout à Juricu, appelé à enseigner l'hébreu (2), et à Bayle, montant triomphalement les degrés de la première chaire de philosophie, qu'elle doit la splendeur de ses dernières années (3).

Nous touchons au terme de son existence.

Dès 1671, les protestants se sentant menacés, abandonnaient la ville,

----

(1) En 1665 on avait obtenu la démission du Principal Brazy dont le grand âge avait été une des causes de la décadence du Collége et le ministre Saint Maurice lui avait succédé.

A la même époque Durhondel avait réuni la chaire de grec à la chaire d'éloquence et Abraham Colvil, professeur d'hébreu, ayant succédé à Bourkard, enseignait encore la jurisprudence mais gratuitement comme l'avait fait son prédécesseur.

(2) Dans la chaire de Levasseur, savant théologien. L'autre professeur de théologie était Le Blanc de Beaulieu tant estimé de Fabert.

(3) Bayle avait 27 ans lorsqu'en 1673 il fût appelé à Sedan et sortit vainqueur d'un célèbre concours.

et en 1676 on constatait que leur nombre y était bien inférieur à celui des catholiques (1).

Ceux qui, inébranlables dans leur foi, ne voulaient point quitter la tombe de leurs aïeux, persistaient à s'appuyer sur leurs priviléges et, malgré les rigueurs déployées contre leurs malheureux coréligionnaires, espéraient encore que leur Académie serait exceptée de la proscription.

Ce fut-elle, au contraire, qui reçut le premier coup.

Le roi la supprima par un édit de 1681.

Elle succombe ! mais sa vaillante agonie ajoute encore à sa belle renommée.

Dans son humble sphère d'action elle était devenue célèbre et presque digne, pour avoir donné une si puissante impulsion à la culture intellectuelle d'une petite principauté, d'être comparée à l'œuvre de vénérable antiquité qu'elle rappelle, à notre Université de Paris.

Lorsque ce bel arbre de science fut abattu on établit sur ses débris un séminaire gratuit (2) et comme l'une de ses branches, (l'Académie militaire), conservait encore un reste de vie, elle fut maintenue et prit le nom d'Académie royale (3).

Ces deux nouvelles institutions commencèrent à fonctionner à côté du collége des Jésuites dès 1682, année mémorable pour le catholicisme, année funeste pour le protestantisme en France.

Les édits sévissaient alors avec plus de rigueur contre les protes-

---

(1) Le 1er février avait été portée et le 28 mai 1669 avait été enregistrée, en Parlement, la déclaration du roi portant révocation des lettres du 2 avril 1666 et règlement des choses qui doivent être gardées et observées par ceux qui font profession de la religion prétendue réformée.

On trouve cette déclaration dans un recueil imprimé à Paris chez Langlois, rue Saint-Jacques : *A l'Image saint Vincent.*

(2) Arrêt du Conseil du 12 juillet 1681.

(3) Les 3,000 livres de rente qui restaient à l'Académie au jour de sa suppression furent attribuées au Séminaire, et le Directeur de l'Académie royale reçut ses appointements sur les rentes que le domaine payait auparavant à l'Académie des Lettres.

En moins de quatre années cette Académie avait perdue et ses élèves et sa réputation.

tants, à Sedan leurs chaires étaient supprimées, partout ailleurs leurs autels étaient abattus et, menacés du même sort, les ministres et anciens du Bailliage s'empressaient de se soumettre et consentaient à la translation du principal lieu de leurs exercices et à la suppression de plusieurs autres.

Cette soumission de leur part fut suivie d'un arrêt du Conseil d'État du 2 juillet 1685 portant :

Interdiction pour toujours de la religion réformée à Sedan ;

Ordre de démolir les temples de Raucourt et de Givonne ; celui de la ville était conservé pour être affecté aux catholiques ;

Autorisation de construire un autre temple dans le faubourg du Rivage et d'y tenir une école, mais une seule, pour lire, écrire, chiffrer et calculer (1).

C'était le coup de grâce.

Ils n'avaient plus, à la place de leur université et de leurs écoles du jeune âge (2), qu'une petite école d'enfants et il ne leur restait pour dernier refuge que leur maison du Consistoire.

Encore quelques jours et leur petite école sera fermée et la maison du Consistoire leur sera enlevée pour y placer le collége des Jésuites (3).

Ce collége, qui va exclusivement fixer notre attention, était toujours en faveur, et les Pères, en signant la déclaration du clergé de France, s'étaient conservé la protection d'un pouvoir qui entendait tout soumettre à l'orthodoxie gallicane.

Exécuteurs fidèles des ordres du fondateur royal, ils enseignaient avec zèle et l'on sait, pour nous servir des expressions de l'illustre

---

(1) Cet arrêt permettait aussi aux ministres Gantois et Saint Maurice de continuer leur ministère leur vie durant, sans que cela puisse tirer à conséquence pour ceux qui leur succéderaient.

(2) La séparation des sexes était rigoureusement observée dans leurs écoles du jeune âge.

Il y avait plusieurs maîtres pour les garçons et une institutrice pour les filles.

(3) Cette maison, dit le vieux Collége, fût occupée par eux jusqu'à ce qu'ils eussent pris possession des bâtiments qu'ils firent construire et qui, restés intacts, ont été appropriés à l'usage du Collége actuel.

écrivain qui a honoré leur souvenir de ses regrets, que leurs professeurs, choisis parmi les hommes les plus capables et les plus distingués de leur ordre, savaient « captiver la jeunesse par leurs manières polies et leurs agréables relations de maître à disciple. »

D'où vient donc qu'à la faveur de tant d'éléments de prospérité les Pères n'aient pas, jusque dans les derniers temps de leur exercice, fait produire à leur riche établissement toute l'utilité qu'on était en droit d'en attendre ?

Les faits qui vont suivre feront la lumière sur ce point.

Dès 1686, au mépris de l'acte de fondation, ils doublent leurs classes et diminuent le nombre de leurs régents ; puis, en 1722, au lieu de les employer à l'entretien du collège, ils construisent une église avec une partie des fonds ainsi épargnés et gardent l'excédant entre leurs mains (1).

Les habitants, voulant faire cesser cet abus et ne pouvant obtenir des Pères autre chose que de simples promesses, s'adressèrent au roi, pénétrés qu'ils étaient de cette idée vraie, c'est que les collèges de petite ville sont utiles surtout en ce que le père de famille peut y trouver un système complet d'études qui lui permet de conserver près de lui des enfants que des maîtres sont chargés d'instruire, mais dont lui seul peut, mieux que tout autre, discipliner la conduite, régler les mœurs, en un mot, faire l'éducation.

Or, par suite de ce bouleversement dans l'ordre des classes, plusieurs familles avaient été forcées d'envoyer leurs enfants faire leurs études à grands frais dans des provinces éloignées, ce qui ajoutait encore au chagrin de celles qui n'étaient pas en état de faire la même dépense.

Et les sujets ne manquaient pas, puisque les Pères avaient donné tous les régents nécessaires aux collèges établis depuis quelques années

---

(1) Cette église avait été dédiée à Saint-Louis roi ; elle formait l'un des côtés des bâtiments, lesquels sont disposés en quadrilatère.

Elle n'existe plus en entier ; seul le chœur qui est fort beau a été conservé ; c'est aujourd'hui la chapelle du Collège.

Quant à la noire et lourde façade qui menaçait ruine, elle a été démolie et la ville s'est servie de la nef pour agrandir l'établissement et le mieux approprier à sa destination.

à Laon et dans d'autres endroits où il y avait des maîtres pour enseigner chaque classe en particulier.

Aussi Louis XV ordonna-t-il aux Jésuites par arrêt du Conseil du
28 avril 1734 de *dédoubler* leurs classes et de remettre un nombre
suffisant de régents, Sa Majesté se réservant au surplus de se faire
rendre compte de l'épargne qu'ils avaient faite en réformant trois régents depuis ladite année 1686, sur le pied de 500 livres par an pour
chaque régent.

Les pères interprétèrent les termes de cet arrêt dans un sens fa-
vorable à leurs dispositions particulières ; ils dédoublèrent, il est vrai,
les classes de quatrième, de troisième, de seconde et de rhétorique,
mais ils laissèrent la cinquième sans régent et supprimèrent la sixième.

C'était saper l'édifice à sa base pour réparer son couronnement.
Nouvelle plainte des habitants qui supplient le comte d'Harcourt, leur
gouverneur, d'interposer son autorité afin d'obtenir la stricte et complète exécution de l'arrêt.

Rien ne peut faire supposer que les suppliants aient obtenu satisfaction.

Quoiqu'il en soit, la désertion des élèves, conséquence de cette organisation vicieuse, a dû rendre moins impérieuse la nécessité de rétablir le collége dans son plein exercice.

Ce n'était pas, assurément, le défaut de ressources qui pouvait faire
péricliter l'établissement, puisque dans les derniers temps les Pères
possédaient six fermes ou propriétés rurales, outre les rentes provenant
des dotations, notamment celle de 5,500 livres sur le domaine.

Voilà ce qu'attestent les documents anciens.

La conduite des Jésuites avait été peu louable et, quand il sera
question de les remplacer par les Prémontrés de Laval-Dieu, on sera
moins surpris de voir la population catholique elle-même refuser de
recevoir ce nouvel ordre enseignant.

Si l'éducation scolaire des Jésuites, si les méthodes suivies dans
leurs colléges, pouvaient défier la critique la plus passionnée, il n'en
était pas de même de l'esprit qui dirigeait alors cet ordre célèbre et
qui le fit juridiquement condamner.

Son enseignement ayant cessé en vertu du mémorable édit du
6 août 1762, les biens et revenus composant la dotation du collége

furent saisis comme propriété de l'État pour être gérés par un économe séquestre et leur établissement continua à fonctionner comme Collège royal sous le nom de Saint-Louis.

Ce Collège Saint-Louis avait des professeurs dont la plupart étaient engagés dans les ordres sacrés.

Il était gouverné par un bureau d'administration présidé par l'Archevêque de Reims et chargé de la direction des études ainsi que de la gestion des biens et revenus (1).

Il ne faut plus espérer voir se ranimer dans tout son éclat ce brillant foyer qui s'éteint peu à peu dans une ville où l'industrie prospère et attire à elle par l'appas de faciles et séduisants profits.

Pour fabriquer de beaux draps, il n'est besoin, disait-on en ce temps-là, de faire sa rhétorique.

La nouvelle administration parvint néanmoins à relever le niveau des études ; les revenus furent bien gérés et chaque classe eut son professeur.

On cite même, en dehors de l'organisation normale des études, une heureuse innovation qui s'était introduite dans le personnel.

Les professeurs formaient, avec le principal, une espèce d'association, et trouvaient, dans la répartition entr'eux des bénéfices d'une prospérité croissante, une récompense pécuniaire qui, en entretenant leur zèle, était une récompense de leurs travaux.

---

(1) L'économe séquestre établit ainsi mois par mois sa situation de 1762 à 1765 dernière année de sa gestion :

Dans un bref état d'octobre 1762 il porte en dépense une somme de 2,000 livres payées aux pères recteur, préfet, procureur et missionnaire pour leurs vestiaires et itinéraires suivant quittances.' . . . . au père Maugin, recteur, le prix de différents meubles. . . . . à un frère le prix de sa nourriture pour avoir gardé la maison du collège pendant huit jours.

Et dans ses Brefs-États des années 1763 et 1764 il mentionne les paiements faits mensuellement au principal du nouveau Collège royal et aux professeurs, notamment à ceux de Rhétorique et de *Philosophie*.

Dans celui d'avril il est aussi fait mention de la recette de 5,500 livres versée aux mains de l'économe séquestre par le receveur des domaines de Sedan pour la pension due audit Collège pour l'année 1761 expirée, au moment où les Pères n'avaient probablement plus qualité pour recevoir.

Les mesures prises dans les dernières années par le bureau d'administration étaient loin de mériter la même approbation.

Le cours de philosophie, qui d'abord avait été rétabli et partagé en deux classes, fut supprimé et, au mécontentement des pères de famille avides de réformes en rapport avec les besoins de la population industrielle, l'ancien système dans le mode d'organisation des études prévalut et fonctionna jusqu'en 92.

Nous laisserons de côté les détails insignifiants de l'administration du bureau jusqu'à cette date d'une époque si tourmentée.

Depuis longtemps l'antique constitution universitaire était sévèrement critiquée et subissait les attaques d'esprits qu'exaltait la fièvre des innovations.

89 allait poser de redoutables problèmes à résoudre.

Nous touchons à la période révolutionnaire.

LA PÉRIODE RÉVOLUTIONNAIRE.

L'éducation classique avait hâté les progrès de l'esprit moderne en produisant sous l'ancien régime à son déclin ces hardis critiques et ces philosophes indépendants qui montrèrent au peuple et sa force et ses droits.

Sous l'empire de leurs maximes humanitaires qu'acclamèrent les classes dirigeantes elles-mêmes, les sentiments démocratiques avaient opéré une profonde transformation au sein de la société française et produit ce rapide et puissant mouvement d'idées qui allait aboutir à la Révolution.

Le vieux système d'études qui était pour ainsi dire purement littéraire ne pouvait plus résister au choc des idées nouvelles, car, s'il avait subi d'utiles modifications, rien de bien sérieux n'avait été tenté pour le mettre d'accord avec les autres besoins de la vie devenus plus nombreux et plus pressants depuis que, délivrées de toutes entraves, les classes laborieuses pouvaient s'adonner librement au commerce et à l'industrie.

Dans son travail de rénovation sociale, l'Assemblée nationale, s'occupant avant tout de la réforme des abus, avait respecté ces universités libres (1) qu'avait consolidées l'expérience des siècles et qui, en la forme, devaient servir comme d'échafaudage au moderne édifice scolaire dont les fondations n'étaient pas encore bien assises.

Elle s'était donc bornée à charger les administrations de département de la surveillance de l'instruction publique et de l'enseignement *politique* et *moral* (*sic*) (2).

De même en 90, lorsque sonne l'heure de la fin de la féodalité, que la constitution civile du clergé et l'abolition des *conservations* des privilèges universitaires sont décrétées, elle prononce l'ajournement de la vente des biens des séminaires, collèges et autres maisons d'enseignement public.

En 91 encore, lorsque va tomber la royauté, entraînant dans sa chute ces nombreuses universités qu'elle avait, d'accord avec l'Église catholique, abritées pendant tant de siècles, le marteau du démolisseur hésite à frapper, car on voit cette même Assemblée prendre soin d'assigner des fonds pour les dépenses des Universités et n'imposer aux agrégés et aux professeurs en exercice d'autre obligation que de prêter le serment civique.

Enfin, l'Assemblée législative qui lui succède maintient elle-même provisoirement, sous le régime de la Constitution (3), tous les corps et établissements d'instruction et d'éducation publiques existant dans le royaume.

On pouvait espérer qu'à la faveur de ces mesures dilatoires et tutélaires on arriverait à organiser, comme le prescrivait la Constitution :
« Une instruction commune à tous les citoyens, gratuite à l'égard de
» toutes les parties de l'enseignement, indispensable à tous les
» hommes (4). »

Les troubles politiques mirent obstacle à la réalisation de ce projet essentiellement démocratique.

---

(1) Il y avait en France vingt-trois Universités, libres dans leur esprit, libres dans leurs méthodes, centres divers sans lien. Elles étaient *indépendantes* les unes des autres mais non de l'État au nom duquel elles conféraient les grades comme le font aujourd'hui nos Facultés. (Voyez *Dictionnaire de Moreri v° Universités*).

(2) Décret du 22 décembre 1789.

(3) Décret du 26 septembre, 18 octobre 1791.

(4) Constitution 3-14 septembre 1791.

Le mouvement révolutionnaire qui se propageait dans toute la France commençait à s'accentuer à Sedan (1791).

Les divisions occasionnées par la Constitution civile du clergé y éclatèrent et si la lutte y fut ardente, elle y fut libre comme dans un pays où la polémique religieuse s'était acclimatée.

Les professeurs du Collège avaient prêté le serment civique et continuaient à remplir leurs fonctions.

Deux prêtres sortis de leurs rangs avaient au contraire refusé de le prêter et continuaient à dire la messe dans l'église, devenue le sanctuaire des fidèles orthodoxes.

Avec eux luttait d'influence le curé Philbert qui, devenu évêque constitutionnel, avait été autorisé à établir le séminaire du département dans l'ancien couvent que venaient d'abandonner les Capucins.

Ces religieux, en effet, avaient quitté la ville en même temps que les frères de la Doctrine chrétienne et les filles de la Propagation de la Foi, bien que l'administration du Collège Saint-Louis n'ait cessé qu'en 92, l'année de l'avènement de la République (1).

L'établissement devint alors un Collège républicain où les professeurs ecclésiastiques dépossédés furent remplacés par des hommes partisans des nouvelles doctrines.

Parmi eux et à la honte du corps enseignant on cite Vassant, ce fougueux tribun qui descendit de sa chaire de rhétorique pour se jeter dans la mêlée politique et porter ses terribles motions à la tribune des clubs (2).

Ce nom rappelle aux sedanais les plus tristes souvenirs et impose à l'écrivain qui le flétrit le devoir de rendre hommage à la mémoire de celui de tous qui, dans ces temps difficiles, a fait les plus louables efforts pour organiser l'instruction publique, de l'abbé Halma dont au moins le zèle et la droiture d'intentions ne peuvent être méconnus (3).

Ce savant sedanais, ayant accepté la direction du Collège, entreprit d'y accomplir une radicale réforme.

---

(1) Les derniers comptes rendus par les administrateurs sont en effet de 92.

(2) Vassant avait pris le nom de Diagoras. Les contemporains l'ont appelé le Bourreau de Sedan.

(3) L'abbé Halma était Professeur à la Sorbonne.

2

Pour lui, au moment où les autels sont ébranlés et où la foi se perd, l'instruction seule peut moraliser la jeune génération (1).

Dans ses discours, comme dans un traité sur l'éducation, le nouveau principal appelé à enseigner aux enfants d'une ville industrielle, ne craint pas de poser en principe :

« Que les mathématiques, moyen de réussir dans les arts et les métiers auxquels elle est appelée, doivent-être la base de l'instruction de la jeunesse. »

Et quant à l'éducation : « que les livres dogmatiques ou de mysticisme religieux ne doivent pas être mis aux mains des enfants. »

Suivant lui : « la littérature et l'histoire constituent la partie morale destinée à diriger la raison, à rectifier le jugement et à guider nos opérations dans la pratique des arts. »

Il se prononce en termes fort peu mesurés contre l'enseignement du grec et du latin sans en exclure complètement cette dernière langue.

Enfin, et ici il se montre on ne peut mieux inspiré, en traçant le programme complet des connaissances d'une nécessité particulière à la cité, il prescrit :

L'étude de la langue allemande, à cause des relations continuelles que nécessitent entre la ville et l'Allemagne le négoce et la proximité (2) ;

L'étude de la chimie, art indispensable dans la fabrication et l'apprêt des étoffes ;

Et celle du dessin, le premier, le plus indispensable, et cependant le plus négligé chez nous, de tous les arts mécaniques.

Il faut donc applaudir sans réserves à cette dernière et saine partie de son programme mais blâmer le réformateur barbare, pour avoir dans l'enseignement secondaire si vite rompu avec le passé.

_____

(1) *Oui, l'instruction moralise en nous faisant connaître l'étendue de nos devoirs.* (Épigraphe d'un discours prononcé à la distribution des prix à l'École supérieure de Sedan).

(2) C'est pour avoir négligé cette étude que nous avons subi l'invasion des Allemands dans notre commerce, et jusqu'à la dernière rigueur les désastres de la guerre de 1870.

Sous d'autres rapports encore, son programme a été fort amèrement critiqué, surtout en ce qu'il ne s'y trouve point de place pour l'élément religieux, et on a oublié que, sa voix autorisée ne pouvant plus se faire entendre dans la tourmente, il a voulu au moins élever les jeunes âmes vers Dieu par l'instruction, laissant à la famille et aux ministres des différents cultes le soin de l'éducation religieuse.

Halma avait usé toute son ardeur dans l'accomplissement de son œuvre éphémère ; il avait même pu, lorsque le Collége fut privé de sa dotation et de ses revenus, lutter encore, à la faveur des subsides de la ville, contre des obstacles qui allaient devenir insurmontables.

Il espère que la Convention viendra à son secours lorsque déjà il n'est plus question que de détruire.

Nous sommes en 93 !

La vente des biens composant la dotation du Collége est décrétée (1).

Les autels de la chapelle sont renversés et l'édifice profané est converti en magasin.

Les cris joyeux des élèves ont cessé et le silence qui règne dans l'établissement désert n'est interrompu que par les clameurs du club voisin.

Pendant six ans la jeunesse vivra dans l'obscurité d'une nuit d'orage qui ne diffère de la longue nuit du moyen-âge que par sa courte durée et les pâles lueurs des éclairs qui la traversent, et cependant c'est par la Convention qui abat et détruit que s'ouvrira l'ère de l'instruction moderne.

Le 10 juin, elle élève le frontispice de son œuvre scolaire en y inscrivant cet axiome :

« L'instruction est le besoin de tous ; la société la doit également à tous. »

Elle abolit (2) les anciennes universités avec leurs nombreux colléges et décrète la liberté de l'enseignement (3).

Dès lors, table rase étant faite dans le domaine de l'instruction

---

(1) Décret du 8-10 mars 1793 prescrivant la vente des biens composants la dotation de tous les établissements d'instruction publique, *les bâtiments réservés.*

(2) 15 septembre 1793.

(3) 19-25 décembre 1793.

publique, aura lieu l'éclosion libre et rapide des théories qui depuis longtemps avaient germé et fermentaient dans les têtes.

Effrayée elle-même à la vue des ruines qu'elle avait faites, la Convention, à la veille de se dissoudre, se montrait aussi prompte à édifier qu'elle l'avait été à abattre.

Le 21 octobre, 30 vendémiaire an II, elle organise l'instruction et, comme base du nouvel édifice scolaire, elle pose l'école primaire dans la commune ; puis elle fait faire un pas décisif à la théorie en adoptant par la loi du 3 brumaire an IV le plan d'une éducation républicaine et en inaugurant un système d'enseignement progressif par la création simultanée des écoles primaires centrales et spéciales.

Les difficultés qui rencontra dans son application ce système emprunté aux idées de Condorcet en firent encore mieux ressortir les vices, et, sauf l'Institut qu'elle créa, cette loi scolaire de courte durée n'eut autre résultat que de provoquer un plus prompt retour à l'organisation des études, non plus telle qu'elle était, mais rajeunie et vivifiée par l'infusion des principes qui, désormais, devaient présider à l'éducation populaire.

Là tout était en germe et n'attendait pour se développer qu'un ciel plus clément.

L'orage révolutionnaire passé, l'instruction publique pourra recevoir enfin une organisation durable.

A Sedan, le nouveau système universitaire, que recommandent des idées plus saines et surtout plus morales, sera accueilli avec transport lorsque sur son petit Collège appauvri et abandonné frapperont les premières clartés du jour de la renaissance.

LE COLLÉGE MODERNE.

Par des décrets précurseurs de ses grandes réformes dans l'instruction publique le Premier Consul s'était prononcé pour le retour aux anciennes traditions.

Il avait réorganisé l'Institut, créé les Lycées et favorisé l'établissement d'Écoles dans lesquelles les matières et le mode d'enseignement

empruntaient leurs règles aux anciens comme aux nouveaux pro
grammes d'instruction secondaire (1).

La ville industrielle où l'attendait un an plus tard une véritable
ovation (2) avait des premières attiré son attention sur elle, car, dès
le 8 pluviose an XI et par décret spécial il avait ordonné que les
bâtiments non compris dans la vente des biens ruraux et des rentes
formant la dotation du collège fussent mis à la disposition de deux
professeurs (3) pour y ouvrir une école secondaire *à titre particulier* (4).

Sedan allait donc renaître à la vie intellectuelle ; les anciens
professeurs morts ou dispersés dans la tourmente y étaient en effet
remplacés par deux pères de famille qui furent les vrais apôtres de
l'instruction moderne dans leur ville natale.

Autour d'eux était venu se grouper un petit nombre d'élèves
externes, l'externat qu'imposaient les institutions de la période révolutionnaire étant forcé là où les subsides manquaient absolument.

Quatre classes de latin auxquelles correspondaient quatre classes de
mathématiques limitaient le programme de l'enseignement dans cette
école à laquelle il n'était pas encore permis de donner le nom de
collège.

Le catéchisme historique de Fleury y faisait partie essentielle de
l'instruction religieuse et l'histoire sacrée et profane, l'histoire romaine
surtout, y tenaient comme les mathématiques une large place.

Au début, trente élèves à peine suivaient les cours et cependant
l'ardeur studieuse de cette petite phalange d'enfants de la bourgeoisie
suffisait pour faire la gloire des maîtres.

Les progrès furent même si rapides qu'à la fin de l'année scolaire

---

(1) Loi sur l'instruction publi   du 11 florial an X et arrêtés des 30 frimaire et
3 pluviose an XI.

(2) En 1803.

(3) Les noms de Thermonia et Thilloy ont toujours été en honneur à Sedan. Sous
le Directoire, Thermonia faisait partie de l'état militaire de la place en qualité
d'officier du génie.

(4) Ces bâtiments placés sous séquestre avaient été loués à divers par le Receveur
du Domaine.

il y eût de sérieux exercices en présence d'un public d'élite et une distribution solennelle des prix.

Solennelle! non ; une autorité paternelle présida seule à cette fête de famille, mais bien touchante, car la renaissance des lettres avait ranimé les nobles sentiments dans les cœurs et aux accents d'une parole pieuse et patriotique on y vit couler de douces larmes.

Tels furent, dans un lieu qui semblait avoir été pour toujours déshérité de leurs bienfaits et qu'avaient autrefois illustré les sciences et les lettres, les prémices du nouveau règne scolaire qui va commencer.

Les temps sont venus ; l'édifice qui doit remplacer les monuments anciens et auquel un génie réparateur a mis la dernière main est achevé ; l'Université impériale est créée (1).

Ramenées à l'unité politique de l'Etat, toutes les écoles tombent sous sa juridiction et les méthodes de l'enseignement du passé sont conservées pour être coordonnées avec les nouveaux principes de centralisation administrative.

Quant aux bases sur lesquelles s'établissait le nouvel enseignement, les unes resteront immuables, ce sont les préceptes de la morale évangélique et l'obéissance aux statuts ; les autres s'appuyant sur les assises du trône du glorieux fondateur s'abîmeront avant d'avoir pu s'affermir par le temps ; c'est, au premier rang, la fidélité à l'empereur et à la dynastie napoléonienne (2).

Malgré ces défectuosités et la diversité de ses parties, l'université conservera son unité féconde et toutes nos institutions scolaires comme les satellites que l'astre emporte dans son orbite suivront désormais sa suprême direction.

Ici s'élève devant l'observateur la plus grande difficulté qu'il ait à vaincre, tant sont multiples et nouveaux les points de vue qui s'offrent à lui dans le domaine de l'instruction publique.

Il y a danger que sa faible vue ne s'obscurcisse s'il fixe longtemps les yeux sur l'ensemble d'un tableau si mouvementé et dans l'impos-

---

(1) Décret du 17 mars 1808.

(2) « Dynastie, porte le Décret, dépositaire du bonheur des peuples, conservatrice de l'unité de la France et de toutes les idées libérales. »

sibilité de parcourir un si vaste horizon il doit se borner à en saisir quelques grandes lignes afin de pouvoir mieux concentrer ses regards sur la localité qui les attire en ce moment.

Dans ce cadre restreint que nous nous sommes tracé, le champ des observations est limité et se borne à l'instruction secondaire telle qu'elle a été rétablie et réorganisée dans nos petits colléges.

Attachons-nous donc d'abord à connaître l'esprit qui a dirigé dans son développement cette branche particulière de l'enseignement.

Le fondateur de l'université était parvenu par cette œuvre grande et forte à rattacher ses actes aux vieilles institutions de la Monarchie, la création du Lycée, type des autres établissements scolaires n'étant en réalité qu'une résurrection du collége ancien.

L'internat reparaissait, non plus, il est vrai sous le régime claustral, mais sous le régime du casernement militaire.

L'esprit du temps éclatait surtout dans la forme. En effet la tenue et le maniement des armes procédaient des souvenirs de Brienne, et la cloche était remplacée par le tambour qui avait sonné la charge au pont d'Arcole.

Dans les cours qui étaient de six années (1), l'enseignement des mathématiques ne devait commencer qu'en humanités (2), et l'étude des sciences, tout en s'élevant avec celle des lettres, ne faisait plus comme dans l'école centrale l'objet d'un enseignement spécial en rapport avec le développement des industries qui en sollicitaient l'emploi.

Pour un gouvernement dont les tendances étaient aristocratiques, l'instruction des classes aisées ne devait pas non plus être confondue avec celle du peuple.

Aussi, tandis qu'on ne négligeait rien pour attirer la jeunesse dans les Lycées, l'instruction primaire, considérée comme inutile, si ce n'est dangereuse, était délaissée.

Lire, écrire, chiffrer, c'est plus qu'il n'en fallait en France pour faire un bon soldat.

(1) Deux de Grammaire, deux d'Humanité, une de Rhétorique et une de Spéciales.
(2) Cette prescription n'a jamais été suivie au Collége de Sedan où les Mathématiques ont toujours fait l'objet d'un enseignement spécial dès les premières classes

Le système impérial a donc contribué surtout dans l'origine à retarder les progrès de l'instruction publique en ne la mettant ni à la portée des classes laborieuses, ni en rapport suivi avec tous les besoins du siècle.

Qui osera néanmoins porter contre lui une accusation sévère? A une génération célèbre dans l'art de la guerre n'en a-t-il pas fait succéder de nouvelles qui se sont montrées dignes de continuer et même d'immortaliser jusque dans la défaite, la gloire de la nation?

Ces considérations d'ordre supérieur font pressentir comment ce système sera appliqué aux établissements où l'enseignement secondaire sera donné suivant un programme restreint et nous ramènent ainsi aux vulgaires vicissitudes qu'a subies notre petit collège avant de pouvoir se relever et entrer dans les rangs de la milice universitaire.

Les finances de la ville étant épuisées, c'est à leurs frais que les deux professeurs de l'école avaient réparé dans la stricte mesure des convenances les locaux indispensables à la tenue des classes et à l'habitation.

Le nombre des élèves s'était promptement accru et leur petit établissement prospérait lorsque le 19 vendémiaire an XII fût promulgué le règlement adopté pour les écoles secondaires communales (1).

C'est alors qu'en renonçant généreusement à la concession qui leur avait été faite, ils levèrent les derniers obstacles qui s'opposaient à la restauration de l'ancien collège.

---

(1) Aux termes de ce règlement, les établissements d'écoles secondaires communales sont administrés par un bureau composé de fonctionnaires tant de l'ordre administratif que de l'ordre judiciaire exerçant sa surveillance sur toutes les parties de l'école.

Il y a un Directeur chargé de la même surveillance et spécialement de l'exécution des règlements.

Le mode et les matières de l'enseignement se résument en un programme restreint des Lycées.

Dans les écoles où conformément à l'art. 7 de l'arrêté du 30 frimaire an XI, il n'y aura que trois professeurs, deux seront pour les langues Latine et Française, la Géographie et l'Histoire et le troisième pour les Mathématiques.

Le 7 janvier 1808, paraissait un nouveau décret qui érigeait leur école élémentaire en une école secondaire communale et nommait son bureau d'administration (1).

D'après un avis du Grand Maître, il fallut réunir quatre Régents, le Directeur compris (2); l'école en fournit trois, ses deux professeurs et leur maître-adjoint; un professeur de seconde de l'ancien collège (3) fût nommé Directeur et ces premiers fonctionnaires de l'Université furent installés après avoir prêté serment de fidélité à l'Empereur et aux constitutions de l'Empire (4).

Les frais de la guerre avaient tant appauvri les communes que ces hommes dévoués durent se contenter du traitement le plus modique.

On lit dans une délibération du bureau que dès les premiers jours de 1809, le maire de la ville leur faisait personnellement l'avance d'un semestre échu et que l'année suivante le Directeur lui-même payait les gages du portier et jusqu'au prix d'un tambour (5).

---

(1) Etaient nommés membres : Poupart de Neuflize, maire de la ville, Paris, procureur impérial, Jacquillon, juge de paix, Rouy et Morin, conseillers municipaux.

Ce bureau, dont la première délibération porte la date du 11 avril 1808, était présidé par le sous-préfet Philippoteaux, homme d'un grand caractère, administrateur d'un rare mérite dont le courage et le noble dévouement ont préservé le pays d'une partie des malheurs qui, pendant l'hiver de 1812 à 1813, ont affligé les arrondissements voisins.

Le Baron Poupart de Neuflize, lui, est ce grand industriel qui, en 1803, donna l'hospitalité au Premier Consul, venant en compagnie de Joséphine, visiter Sedan et qui s'adressant au héros, lui dit : « Vous avez paru et Turenne est éclipsé. »

En 1680, son bisaïeul, un des premiers avait fondé une manufacture royale à Sedan. Sa famille à longtemps enrichi le pays par son industrie.

(2) Cet avis du Grand Maître de l'Université était pris en conformité de l'arrêté du 22 vendémiaire an XII.

(3) L'abbé Caillon. Sa nomination date du 3 décembre 1808.

(4) Un registre des délibérations du Bureau compose à lui seul les archives du collège. Il nous servira de guide pour signaler les modifications apportées dans l'enseignement lorsqu'elles seront de nature à servir d'exemples pour l'avenir où lorsqu'elles présenteront un but utile.

(5) Avance dont il sera remboursé (est-il dit dans cette délibération), sur les fonds qui seront alloués pour cet objet et dans le cas contraire par les membres du Bureau *personnellement* et chacun pour un cinquième.

Déjà à cette époque il y avait tout bénéfice à s'occuper de la fabrication du drap, il n'y en avait aucun à remplir les fonctions de censeur ou d'administrateur des écoles.

En ce moment où il fallait vêtir des armées nombreuses que guidait la victoire, il régnait une grande activité dans l'industrie locale.

De beaux et vastes ateliers s'étaient élevés au centre de la ville tandis qu'à côté les bâtiments de l'ancien collège restaient dans un état de complet délabrement.

L'église n'avait conservé d'intact que son lourd et sombre portail; la toiture y laissait pénétrer la pluie et l'édifice menaçait de s'écrouler.

C'est cependant à cet asile peu hospitalier que demeurèrent attachés ces hommes de bonne volonté qui s'offraient une seconde fois pour porter le fardeau du nouvel enseignement.

Une lutte, lutte d'émulation, s'établissait entre les administrateurs de la ville et ceux du collège.

Malgré l'épuisement des finances, le conseil municipal votait les fonds necessaires pour faire aux bâtiments les réparations les plus urgentes et, tout en donnant immédiatement satisfaction à tous les besoins d'un établissement universitaire, l'église des Jésuites était conservée pour être un jour rendue à sa destination sainte.

Les portes de l'ancienne bibliothèque, riche épave du couvent des Capucins, furent rouvertes ; puis, comme base des études classiques une école élémentaire, véritable pépinière d'élèves, fût placée à l'entrée des classes.

De son côté, le Bureau d'administration prescrivait un enseignement religieux plus suivi, une étude de la langue française allant de pair avec celle de la langue latine, l'enseignement des mathématiques, de l'histoire et de la géographie *dans toutes les classes* et une rigoureuse application des règlements scolaires, chose difficile à obtenir d'un personnel si restreint qu'il était forcé de tripler les classes et si peu rétribué que pour vivre, il abusait des leçons particulières (1).

---

(1) On avait échappé à l'esprit de corporation qui toujours reste stationnaire lorsqu'on ne le contraint pas d'avancer mais s'il était permis d'espérer qu'on obtien-

Il n'y eût ni mauvais vouloir, ni résistance, et l'on vit bien que l'on pouvait tout exiger d'hommes qui, pour rester honnêtes et dignes étaient capables de supporter les plus grandes privations (1).

Il fallut vivre ainsi pendant des années avant de recevoir des traitements plus rénumérateurs et ces nobles indigents de l'Université n'eurent d'espoir dans un meilleur sort que lorsque Napoléon eût soumis le continent à sa puissance et que Sedan fût rayée du nombre des places de guerre.

Par suite de son déclassement, la ville était devenue cessionnaire de tous les terrains extérieurs des fortifications, mais n'avait été autorisé qu'en 1811 à en aliéner une partie à son profit (2).

Jusque-là, des motifs d'économie et l'incertitude de l'époque à laquelle la ville pourrait jouir des bienfaits dus à la munificence de l'Empereur, ne lui avaient pas permis de fixer le nombre des régents à plus de quatre, en sorte que les choses étaient encore en cet état lorsque parut le décret du 15 novembre 1811.

Ce décret qui était applicable aux colléges, les divisait en deux classes et exigeait pour ceux de deuxième classe (la classe supérieure)

---

drait d'un professeur, père de famille, tous les avantages d'une éducation nationale et complète, on ne pouvait attendre de lui qu'il se soumît à la règle invariable et sévère des corporations enseignantes.

L'abus des leçons particulières notamment, est celui qui a nui le plus à la prospérité si souvent compromise de l'établissement.

Les mesures préventives et quelquefois sévères qu'a prises le bureau d'administration à ce sujet en font foi.

(1) La gêne et quelquefois la misère, tel fut très souvent le sort réservé aux éducateurs de la jeunesse dans nos petits colléges, et aujourd'hui, s'ils sont considérés, ils ne sont pas honorés comme ils devraient l'être.

(2) Décrets des 5 septembre 1806 et 2 mai 1811. Ce second décret porte : « Que « les terrains des fortifications sont et demeurent concédés à la Ville à titre « gratuit et qu'il lui est fait remise du montant des rentes échues sur leur « produit ; que la commune est autorisée à en aliéner une partie jusqu'à concur- « rence d'une somme de 70,106 fr. pour subvenir aux *réparations des batiments* du « collége, à la *dotation* des professeurs, aux agrandissements et embellissements de « la ville. »

Ces termes du décret ont donné lieu plus tard à une discussion qui est restée stérile entre le bureau d'administration et le conseil municipal.

qu'outre la grammaire et les éléments d'arithmétique, on enseignât les humanités, la rhétorique et les mathématiques, avec six professeurs pour toutes les matières de l'enseignement.

Le collège, maison ordinaire d'éducation qui, à la rigueur, pouvait être considéré comme établissement de premier ordre, n'était pas de première classe ; il ne le devint qu'à la fin de 1813, lorsque la vente des terrains faisant partie des fortifications fut réalisée et qu'on put établir son budget dans la prévision qu'à compter du 1er janvier de ladite année il serait composé de sept régents y compris le Principal (1).

En cela l'Université impériale avait apporté au programme des études secondaires, d'heureuses modifications, mais ces modifications étaient insuffisantes pour donner satisfaction aux besoins d'une localité où s'était développé avec expansion l'esprit industriel.

Aussi le bureau, s'inspirant de cet esprit, avait-il à l'avance préparé une organisation des études plus en rapport avec ces besoins (2) et décidé contrairement à l'art. 10 du statut « que suivant l'usage, on » enseignerait les mathématiques dès la première année de » grammaire (3).

Il avait voulu conserver en outre une école élémentaire, véritable embrion de cette école française qui allait vivre à l'ombre du collège latin.

Par suite de ces intelligentes dispositions, le nombre des élèves

---

(1) Il a été plus d'une fois question d'établir un Lycée à Sedan et à cette époque l'avis du Bureau fût que si trop d'obstacles s'opposaient à cet établissement, il n'y en avait aucun à celui d'un collège de 1re classe.

Étaient nommés : à la chaire vacante de 1re année d'humanités, Jacques Peyran, âgé de 26 ans, licencié ès-sciences et lettres, docteur en théologie et ministre du culte protestant.

Et à celle de 1re année de grammaire, l'abbé Bernard, ci-devant chapelain de l'hôpital.

La classe élémentaire aussi fût réorganisée, divisée en deux sections et placée sous la direction d'un maître habile (Roger Troyon).

(2) Dans un règlement particulier des 9 et 10 octobre 1812, approuvé par l'autorité.

(3) Les mathématiques ont toujours fait partie essentielle de l'enseignement du collège, beaucoup de parents n'y envoyant leurs enfants que pour cet objet et les en retirant après la 2e année de grammaire.

s'était visiblement accru et malgré les malheurs qui affligeaient la contrée, malgré l'irritation et l'inquiétude qui agitaient les esprits (1), on pouvait croire que la prospérité de l'établissement ne serait plus entravée.

Il n'en fut pas ainsi ; un esprit d'insubordination et de révolte, cause des manifestations les plus coupables, y avait affaibli la discipline ; il semblait, on s'en souvient, que durant nos grandes guerres le désordre des camps eût fait irruption dans nos colléges.

Pour rétablir l'ordre, le bureau, au jour de la distribution des prix, et par l'organe de son président, fit entendre aux parents comme aux élèves un langage sévère et ne voulut pas se séparer avant d'avoir, par un nouveau réglement (2), ajouté aux dispositions des Statuts pour faire reconnaître l'autorité du Principal sur les autres fonctionnaires du collége, la subordination de ceux-ci envers lui et maintenir les élèves dans le respect et l'obéissance dues à leurs professeurs (3).

Lors donc que les élèves vont déserter, les professeurs donner leur démission, que le Principal, à défaut de fermeté et d'énergie, va compromettre la discipline, ce règlement, où tout est prévu, n'en maintiendra pas moins l'établissement dans son existence de collége de 1re classe, durant les années qui vont suivre, années aussi désastreuses pour l'instruction publique que pour nos armes.

Il était temps d'aviser pour l'avenir, car quelques jours après (19 octobre 1813), nous perdions la bataille de Leipsick et l'on sait ce que devinrent les études lorsqu'après cette défaite et nos revers en Espagne, la France fût menacée dans ses limites comme en 89.

---

(1) Dans ces temps malheureux où la victoire au lieu de rester radieuse, commençait à ne plus paraître que couverte de sang.

(2) Ce règlement du 15 Octobre 1813 ajoutait aux 23 articles des Statuts toutes les dispositions d'une utilité locale et déjà consacrées par le précédent règlement des 9 et 10 Octobre 1812.

Tous les ans avant l'ouverture des classes, on faisait, en présence du bureau d'administration, un examen général qui avait pour objet de constater le degré d'avancement de chacun des élèves et le cours que chacun d'eux était capable de suivre.

(3) Discours du Sous-Préfet à la distribution des prix d'août 1813.

Dans ces temps de détresse le collége resta sans direction et il fût même complétement abandonné lorsque tout près de nous retentissait le choc de nos armes victorieuses à Champaubert, Montmirail et Montereau.

Le bureau ayant cessé d'exercer sa surveillance et le corps enseignant ayant été abandonné à lui-même, les études y languirent jusqu'aux premiers jours de la deuxième Restauration (1).

Dans l'intervalle, la fatale époque des Cent jours avait encore laissé l'instruction publique en souffrance et amené une nouvelle perturbation dans l'établissement.

Le Principal (2) et le régent de la deuxième classe de grammaire, sans se démettre de leurs fonctions, avaient quitté le collége pour se réfugier en Belgique, et c'est encore le zélé professeur de mathématiques nommé d'urgence (3) en remplacement du Principal qui parvenait à y maintenir le cours régulier des études.

Il continuait à les diriger, lorsqu'après les Cent jours nous subissions une seconde fois l'occupation étrangère et que l'établissement était menacé d'une ruine complète.

Le soldat allemand avait envahi les classes et fait du collége une véritable caserne.

Ce fut un grand trouble apporté dans les études, bien que cette occupation brutale fût de courte durée (4), mais ce qu'on eut surtout à déplorer durant cette période de transition ce furent les boulever-

---

(1) Le bureau d'administration ne s'était réuni que deux fois; le 13 Octobre 1814, pour décider que la rentrée des classes aurait lieu le 17, — et le 17 mars 1815 pour porter dans le budget les traitements des professeurs à un chiffre plus élevé et proportionné à la cherté des vivres.

(2) L'abbé Caillon.

(3) La nomination provisoire de l'ancien Directeur de l'école secondaire avait eu lieu le 28 avril 1815 par le commissaire extraordinaire de l'Empereur, et sa nomination définitive par l'architrésorier de l'Empire, Duc de Plaisance, grand-maître de l'Université, le 28 Juin, quelques jours après la proclamation de Cateau-Cambresis.

(4) Le général Zieten, commandant en chef de l'armée royale prussienne, s'était en effet fait gloire en restreignant cette occupation militaire, de restituer aux études les emplacements indispensables.

sements qu'occasionna, dans l'enseignement, le nouvel ordre politique qui s'établissait en France.

Les destitutions frappaient jusque dans les rangs paisibles des fonctionnaires de l'Université.

Un nouveau recteur *invitait* le bureau d'administration du collége à signifier au professeur de mathématiques l'ordre de cesser à l'instant ses fonctions de Principal et à lui désigner un successeur pour les exercer jusqu'au moment où l'ancien (1) réintégré pourrait les reprendre.

Vainement les administrateurs s'étaient borné à placer le nom de l'ancien Principal sur la liste et avaient insisté pour conserver comme professeur de mathématiques celui dont l'enseignement exerçait une si heureuse influence sur l'esprit industriel et pratique de la localité, la commission d'instruction publique suspendait les régents de rhétorique et de sixième et révoquait le régent de mathématiques (2).

En même temps, et ce fut là la glorieuse phase du système, une ardente réaction se préparait en faveur des lettres.

Elle s'accusait à Sedan dans le choix des régents et surtout du nouveau Principal (3) qui sut attiser le feu de l'émulation et réussit à inspirer le goût de la littérature et des beaux-arts à la jeunesse, chez laquelle de nos jours ce goût s'est à peu près perdu.

En homme expérimenté, il avait commencé par transformer l'école élémentaire en une école primaire, pépinière qu'alimentaient les petits enfants de la ville et de l'arrondissement.

On y suivait la méthode de l'enseignement mutuel, ce qui n'empêchait pas d'y voir les premiers éléments de la langue latine.

Un seul fait, pris dans l'ordre des études, suffit pour caractériser

(1) L'abbé Caillon toujours absent et impuissant à relever un établissement dont il avait compromis la prospérité.

(2) Année 1816.

(3) L'abbé Randon, Principal du collége de Mouzon. On trouvait en lui le zèle réuni à l'activité, la fermeté à la prudence. Le Régent de mathématiques était remplacé par un professeur de mathématiques tiré du Lycée de Liége (Daubrée) et tous les autres étaient choisis parmi des ecclésiastiques érudits.

Il y avait un régent spécial pour chacune des classes de rhétorique et de seconde.

son habile direction; la distribution des prix était toujours précédée d'exercices intéressants où les élèves de rhétorique venaient lire des pièces de leur composition (1).

Le 4 septembre 1821, quelques mois avant sa mort, avait paru ce décret tant critiqué du conseil de l'instruction publique d'après lequel fut établi, pour le collège, un règlement conforme en tous points, si ce n'est en ce qui concerne l'enseignement des mathématiques, enseignement qui fut maintenu et continua à y être donné suivant l'usage.

Sans en attribuer la cause aux exigences disciplinaires de ce règlement plutôt qu'à la perte d'un directeur de si grand mérite on doit constater ici qu'à sa mort le nombre des élèves diminua tout-à-coup, et que le niveau des études littéraires elles-mêmes ne tarda pas à baisser dans les classes (2).

L'école mutuelle, au contraire, fut plus fréquentée que jamais, l'enseignement des mathématiques mieux apprécié et sur ce point le régime des études suivi au collège se distingua toujours des autres établissements purement universitaires.

Bien que là, comme dans les lycées devenus collèges royaux, les paisibles et pieuses habitudes de l'ancien régime aient reparu, et qu'on eût retranché de l'organisation impériale tout ce qui avait

---

(1) Nous avons sous les yeux deux programmes de la distribution des prix ; ce sont ceux de 1819 et 1821

Tous deux annoncent la représentation d'un drame de Berquin.

Dans le premier, Elysée de Montagnac, notre ancien député, Jules Allin, commissaire du département en 1848, et Jules Bernard, l'avocat mort prématurément après avoir brillé au premier rang du Barreau de Metz, jouent chacun un rôle.

La séance est terminée par une cantate chantée par Adolphe de Guerville.

Dans le second, c'est A. Sauvage, directeur général du chemin de fer de l'Est, (sorti premier de l'Ecole Polytechnique) qui est cité au nombre des élèves de la 1re classe de l'Ecole mutuelle (instituteur Remy),

Jules-Jean-Baptiste Bernard, représente Apollon, et avant la représentation, Charles Leroy et Pérard, élèves de Wery, exécutent sur le violon, chacun un solo avec accompagnement.

(2) L'abbé Randon fut remplacé par Lelièvre, censeur au collège royal de Reims. En attendant sa nomination, l'abbé Lehnerss, régent de troisième, fut Principal provisoire.

rapport à la guerre, les Lettres, tout en prenant le pas sur les Sciences, n'occupèrent jamais tout entier le cadre des études classiques.

Là comme partout, un régime purement civil avait anéanti l'esprit militaire de l'Empire.

Mais là surtout cet autre esprit, source féconde de notre prospérité nationale, l'esprit industriel devenu plus actif commençait à dominer à l'ombre de la paix.

L'enseignement primaire si peu encouragé (1), celui des sciences, tel qu'il avait été rétabli en introduisant des cours spéciaux dans quelques colléges (2), ne pouvaient préparer aux professions manufacturières et commerciales.

C'était l'enseignement professionnel (3) que sollicitait ardemment le vœu public, parce que, seul, on le comprenait enfin, il pouvait combler la lacune que laissaient subsister des études si peu appropriées aux besoins et aux intérêts sociaux.

Voilà le but vers lequel, dans les derniers jours de la Restauration, tendait l'esprit public tenu en haleine par la lutte du progrès contre les doctrines rétrogrades qui prévalaient dans l'enseignement (4).

---

(1) En 1821, une commission du Budget avait proposé à la Chambre la suppression de la faible allocation de 50,000 fr. !!! destinée à encourager l'enseignement primaire dans la France toute entière.

(2) Les arrêtés des 17 Septembre et 21 Octobre 1826, l'avaient rétabli dans toutes les classes depuis la seconde année d'humanités, jusqu'à la seconde année de philosophie

(3) Celui qui recevra plus tard la qualification exacte d'enseignement secondaire. spécial.

(4) Sentinelle avancée dans cette lutte, notre grand industriel Ternaux, montait à la tribune pour attaquer un système d'études qui avait fait briller les lettres du plus vif éclat, mais qui était en désaccord avec les besoins de la société nouvelle.

Il déplorait le malheureux sort de ces élèves maudissant une éducation qui ne pouvait les mener à rien et se plaignant amèrement que leurs parents ne les eussent pas fait instruire de préférence à manier le rabot et la lime.

Aux applaudissements de l'opposition, qui devenait formidable, il flétrissait les intentions funestes d'un ministre « qui, dans l'intérêt d'une faction, voulait faire de la science un privilège » et avec la conviction que lui donnaient cinquante ans d'existence commerciale et manufacturière il réclamait la création d'une École centrale vraiment Polytechnique des Arts et Métiers, et demandait au nom des

3

La gloire de fonder l'école dite professionnelle ne devait pas appartenir à la Restauration, l'école primaire pouvant seule fournir une base assez large et assez solide à cet établissement d'instruction populaire.

Les constants efforts de la ligue de l'enseignement n'avaient cependant pas été vains et la ville de Sedan, notamment, trouvait déjà cette base bien établie dans son école mutuelle, lorsque fut promulguée la Charte de 1830 consacrant en principe la liberté de l'enseignement.

Sous l'empire d'un mouvement irrésistible en faveur de l'éducation populaire, le pouvoir municipal s'était, au lendemain de Juillet, emparé de fait de l'administration du collége et n'accordait plus à l'enseignement classique que la plus faible part de ses libéralités (1).

Le bureau d'administration n'était plus consulté, ni l'Université appelée à intervenir, les appointements des professeurs étaient fixés, réduits ou augmentés arbitrairement, en un mot l'administration municipale s'était attribué l'omnipotence sur le personnel et la direction des études (2).

En maintenant à une certaine hauteur le niveau de l'enseignement classique, elle avait fait voir que son but était, non pas de lui

---

classes laborieuses de proscrire ou au moins de transformer à *l'exemple de plusieurs nations qui nous avoisinent* un mode d'enseignement qui n'est plus approprié ni aux besoins, ni aux intérêts sociaux.

(Discours prononcé le 23 Juin 1820, à l'occasion de la subvention accordée aux écoles d'Arts et Métiers de Châlons).

(1) Au lieu d'une subvention de 9,000 fr. que recevait le collége avant 1830, il n'en recevait plus qne 4,000 fr.

La ville devenue propriétaire des bâtiments en vertu du Décret du 9 avril 1811, continuait à en louer une partie à son profit. L'église qui servait d'abord de magasin, avait été convertie en usine à presser les draps et en dernier lieu en marché couvert. Enfin, les Frères des Ecoles Chrétiennes quittaient leur établissement voisin du collége et étaient remplacés par les instituteurs laïques.

(2) Cette suprême direction de l'autorité municipale dura jusqu'en 1837. C'était le Maire qui présidait le bureau d'administration. La Présidence ne fut prise qu'à cette dernière époque par le Sous-Préfet. (Franquet-Chayaux, Maire ; Delobelle, Sous Préfet.)

substituer l'enseignement professionnel, mais d'établir une de ces écoles dont le développement serait progressif, plus varié et mieux approprié aux nouveaux besoins de la ville industrielle.

Elle avait, sous la pression du vœu public, imprimé une marche rapide à tous les établissements scolaires de la ville et elle a bien mérité du pays par le zèle ardent et soutenu qu'elle a déployé dans la diffusion de l'instruction populaire.

Ainsi, dès le 14 décembre 1831, la ville fondait en dehors du collège une nouvelle école d'enseignement mutuel (1) et en 1832, sur l'avis du bureau d'administration et d'une commission municipale (2) elle plaçait, au-dessus de l'école primaire du collège, un second cours d'un degré supérieur qui devait être la seconde année d'une *école française*, remplaçant les classes de septième et de huitième. Établir cet enseignement d'une utilité plus générale à côté de l'enseignement classique et scientifique, c'était opérer, sans espoir de réussir, une réforme radicale dans le programme universitaire; c'est pour cela que, par suite d'une combinaison plus pratique, l'école française, au lieu d'être adaptée au collège, fut établie *à part* et au-dessus de l'école mutuelle (3).

Au même moment, *un cri s'élevait d'un bout à l'autre de la France* (4) réclamant une prompte satisfaction, la loi du 28 Juin 1833

---

(1) Cette *École mutuelle* qui deviendra plus tard l'*École primaire*, avait été divisée en deux sections. Outre la lecture, l'écriture et la grammaire, on y enseignait l'analyse grammaticale, l'arithmétique, les éléments de la géométrie en ce qui a rapport à l'arpentage au toisé et au solivage, le dessin linéaire, la géographie et l'histoire de France. Elle était connue sous les noms de Bidot et Gérard, ses excellents maîtres, qui en avaient fait un établissement modèle.

(2) Etaient membres du bureau d'administration : Delobelle, Sous-Préfet; Franquet, Maire; Ninnin, Président du Tribunal civil, A. Philippoteaux et Pinsart.

Maréchal, Javaux, Charles Cunin-Gridaine et Bourguin, membres de la commission municipale chargée de la surveillance des écoles.

(3) Elle eut pour Directeur, un maître doué d'une merveilleuse aptitude pour l'enseignement spécial qui y était donné : Roger Troyon.

C'est sous sa direction et avec l'active et intelligente coopération de ses deux collègues Légis et Poncelet, que nous verrons cette école, transformée en école primaire supérieure, acquérir une belle renommée.

(4) C'est l'un des plus ardents promoteurs de la réforme qui parle, M. V. Cousin.

était promulguée (1), et le pays possédait enfin une législation qui complétait le système des études communes, imitation trop timide, il est vrai, des écoles de la Prusse, mais où se trouve consacré le principe qui ne tardera pas à produire une éducation appropriée à l'esprit commercial et industriel qui domine aujourd'hui dans la société française.

Comme l'*école française* satisfaisait à tous les besoins d'une population industrielle et manufacturière, elle devint légalement l'école primaire supérieure et resta la digne et inséparable compagne du collège.

On la vit ensuite se transformer en peu d'années en un véritable enseignement professionnel, comme le prescrivait sa destination, puiser ses meilleurs éléments dans les classes latines elles-mêmes, lorsqu'elles étaient abandonnées par les élèves qui avaient un goût prononcé pour l'industrie et entraîner toutes les sympathies de la population.

Ce fut l'œuvre du comité supérieur (2). Il sut adapter au programme des études les matières de l'enseignement qui présentaient un caractère d'utilité pratique et tout ce qu'il y avait de bon dans les arrêtés et les ordonnances dus à l'initiative des ministres novateurs.

En 1837, elle défiait la concurrence d'institutions rivales et

---

(1) Ce fut le plus beau titre de gloire de M. Guizot et la plus grande œuvre du gouvernement de Juillet, œuvre qui à elle seule suffit pour illustrer un règne.

(2) Le comité supérieur de Sedan qui fut un Comité modèle, était composé de membres compétents dans toutes les matières de l'enseignement.

C'est à lui que s'était adressé le bien-aimé et immortel Préfet des Ardennes, (M. de Lascours), pour rédiger l'instruction qui dès l'origine de l'exécution de la loi sur l'instruction primaire fût adressée à tous les instituteurs du département.

Une commission spéciale était chargée de la surveillance quotidienne de l'école primaire supérieure et, à des époques périodiques, ses membres se transportaient à leurs frais dans toutes les écoles de l'arrondissement, veillaient à l'exécution des règlements scolaires, à l'application des décisions du Comité et rendaient compte de leur mission dans un rapport par écrit.

Il y eût un cri de réprobation, lorsque par suite d'une mesure générale, justifiée, il faut le reconnaître, par l'insuffisance du plus grand nombre, les comités furent supprimés et remplacés par les délégués.

lorsqu'en 1842 elle fut annexée au collége, son nom n'éveilla plus les susceptibilités des parents qui voulaient donner à leurs enfants une éducation libérale et pratique tout ensemble.

Il n'y avait plus, en effet, de déclassés parmi les élèves qui franchissaient le seuil d'un même établissement scolaire (1).

Chose remarquable! les événements de 1848 n'amenèrent aucun changement dans les études suivies dans l'établissement (2), et si, en 1850, les comités furent supprimés, l'école primaire supérieure n'en resta pas moins annexée au collége sous le nom d'école industrielle (3).

Placée dans les mêmes bâtiments, elle gagnait par cette réunion quant au nombre des élèves, à la discipline et à la force des études. Elle profitait en outre des nouvelles dispositions qui, cette année et les années suivantes, furent prises dans l'intérêt de l'établisement.

C'est dans cette même année (1850) que la ville en opposant une résistance énergique à l'érection en une seconde église paroissiale de

---

(1) En ce qui concerne l'enseignement, l'école restait sous la surveillance des comités, mais tombait sous celle du bureau d'administration en ce qui concerne la police et la discipline intérieure.

(2) Notons seulement la retraite de M. le Principal Depardieu qui avait succédé à son beau-père, M. Henriot. L'esprit d'insubordination qui animait quelques régents du collège, auparavant ses collègues, lui avait déjà, dès 1846, suscité des embarras de nature à ébranler sa position, et lorsqu'après 1848 le pensionnat vint à tomber, on lui en attribua la cause et cet homme de bien reçut son changement avant que le bureau d'administration ait pu intervenir en sa faveur.

(3) Sous la sage direction d'un nouveau maître, (M. Fourche) grâce à l'active coopération de M. Légis, homme érudit, dissertateur éloquent, et surtout au zèle ardent de M. Poncelet, le fidèle observateur des bonnes traditions, l'école restée sans rivale n'a cessé de donner d'habiles auxiliaires à l'industrie locale.

A défaut de ressources, l'administration municipale n'avait pu adopter la forte organisation des écoles de Metz et de Nancy, mais le comité supérieur leur avait emprunté les meilleures méthodes de l'enseignement spécial, et, en présence des beaux résultats obtenus, on se demande comment l'administration d'une ville qui dote si généreusement ses écoles, n'a pas encore compris le haut degré d'utilité qu'il y aurait aussi dans l'établissement d'une école gratuite de dessin ouverte le soir aux ouvriers, et d'une agence des écoles destinée à rendre la surveillance de l'autorité plus efficace et plus facile.

la chapelle du collége, conservait intact son droit de propriété ; que l'établissement fut élevé au rang de collége de plein exercice ; que le conseil municipal votait les fonds nécessaires pour la création de deux nouvelles chaires, celles de physique et de chimie ; réclamait la création d'une chaire d'histoire, établissait un gymnase, et votait pour cinq ans la garantie exigée par la loi du 15 mars.

L'ordre et la propreté qui régnaient alors dans l'établissement, la prospérité du pensionnat, la bonne tenue des élèves dont l'uniforme avait été rendu obligatoire annonçaient à l'extérieur aussi bien que les mesures prises dans l'ordre scolaire et la *discipline* à l'intérieur, l'œuvre d'une main habile et exercée (1).

La réunion des deux établissements allait devenir encore plus intime.

En 1853, les Frères des Écoles chrétiennes ayant été réintégrés dans leur ancienne maison de la rue des Voyards dont partie était consacrée aux cours de l'école industrielle, de nouveaux emplacements furent réservés à cette école au centre même des études classiques.

---

(1) M. Babut, le nouveau Principal outre ses brillantes qualités d'écrivain était doué d'un esprit éminemment organisateur. Il avait quitté le Barreau de Paris pour entrer dans les rangs des fonctionnaires de l'instruction publique. La réorganisation du collége d'Avesnes, un remarquable discours prononcé à la distribution des prix du collége de Gray et *son dévouement généreusement partagé par sa compagne* (termes de la lettre de condoléance du Ministre, M. de Salvandy), à l'occasion de l'épidémie qui en 1847 sévissait cruellement dans cette ville, avaient marqué ses premiers pas dans la carrière.

Une mort prématurée le saisit au moment où il jouissait de ses nouveaux succès et où, d'accord avec le bureau d'administration, il réalisait de grandes améliorations dans l'établissement et sollicitait de sérieuses réformes dans les études.

Son successeur, M. Chrétien, esprit judicieux et pratique, continua à y relever le niveau des études classiques.

M. Chrétien eut le mérite de réaliser la plupart des réformes ébauchées par son prédécesseur et d'assurer la prospérité de l'établissement jusqu'au jour où le collége fût converti en ambulance et subit les funestes conséquences qu'eurent pour l'enseignement public à Sedan, les désastres de 1870.

A la suite de ces mauvais jours, M. Chrétien a pris sa retraite et a été remplacé par le Principal actuel M. Louise.

Les études littéraires, au point de vue de l'intérêt particulier de la population, ne reçurent aucune fâcheuse atteinte de cette annexion.

La bifurcation même, cette dangereuse innovation, n'avait pu nuire à un établissement où, depuis nombre d'années, elle était admise en fait.

Cependant, cette épreuve presque partout malheureuse, était jugée et dès qu'elle eut disparu, le second Empire s'empressa de rétablir l'enseignement classique sur ses anciennes bases et de ramener les programmes d'études aux proportions du décret de 1808.

Le gouvernement, en adoptant cette mesure de la bifurcation, laquelle jusqu'à un certain point pouvait se justifier en théorie, n'avait été qu'imprudent.

En supprimant les écoles primaires supérieures, il avait commis une faute, il avait fait un pas rétrograde et dénaturé la loi mémorable qui avait marqué, sous le gouvernement de Juillet, « les années les » plus fécondes du siècle en améliorations et en progrès véritable » dans l'instruction primaire. »

L'esprit public protestait donc et le second empire, en présence des besoins nouveaux devenus plus impérieux, ne pouvait rester plus longtemps immobile dans la voie démocratique où il s'était engagé.

A côté de l'enseignement secondaire classique, il fallait absolument en placer un autre qui fut, plus que les écoles primaires, en rapport avec les conditions économiques de la vie moderne.

On ne pouvait plus longtemps méconnaître ce qu'avait voulu la loi de 1833, combler la lacune qui existait entre l'école et le collège.

Le législateur de 1865, appelé à le faire, n'avait donc qu'à reprendre et perfectionner cette idée et c'est ce que fit la loi du 21 juin en organisant dans sa partie scientifique, l'enseignement des connaissances nécessaires à la pratique des nombreuses professions qui séparent les métiers des arts libéraux.

Pour le ministre éminent (1) qui fut l'inspirateur de cette institution si bienfaisante et si populaire, la question capitale consistait à former un nouveau personnel enseignant.

---

(1) M. Duruy.

À l'exemple de l'école normale secondaire et des écoles normales primaires, l'école de Cluny fut fondée et le difficile problème d'un véritable enseignement secondaire spécial fut enfin complètement résolu.

Cette branche qui, greffée sur l'arbre de science, languissait dans la plupart des localités depuis la funeste mutilation de 1850, était restée vivace au collége de Sedan et la loi nouvelle n'a fait que sanctionner et compléter l'enseignement spécial tel qu'il y était donné.

Aujourd'hui, le programme officiel des études secondaires spéciales y est largement et judicieusement appliqué (1) et les cours y sont si bien agencés avec les classes de l'enseignement classique que le collége et l'école marchent comme des époux bien assortis en s'appuyant l'un sur l'autre.

Les sciences mathématiques et physiques, surtout, y sont enseignées de manière à préparer les élèves à aspirer aux grandes écoles de l'État et si ce n'est à en faire des *savants*, à les mettre tous en mesure d'exploiter les mines fécondes que découvre la science et à s'en approprier toutes les richesses (2).

Des cours de législation usuelle et d'hygiène, des cours de chimie,

---

(1) Ce bon accord se fait sentir jusque dans l'organisation des cours ; ainsi, dans la 2ᵉ année, le cours de géographie est le même que celui de seconde et dans la 3ᵉ année, les cours d'histoire et de géographie, sont les mêmes que ceux de rhétorique et de philosophie.

(2) Il n'est pas douteux que de cette école qui, avant de recevoir une organisation complète, a déjà fourni aux diverses industries, tant de mécaniciens, de contre-maîtres, de commis habiles et instruits ne sortent un jour aussi des hommes qui se distingueront dans les sciences comme dans les lettres et feront honneur à leur pays.

En parlant de *savants* nous voulons uniquement faire allusion à des hommes tels que Lefebvre-Gineau qui fut membre de l'Académie des sciences, et Nicolas Lefebvre, son homonyme, qui n'était pas né dans les Ardennes mais qui avait fait ses études à l'Académie protestante de Sedan.

« Nicolas Lefebvre, (dit M. Malapert dans son étude historique sur les pharmaciens), s'était signalé en chimie et en pharmacie et doit être regardé comme le type des chimistes de son époque et comme l'un des précurseurs des Lavoisier, Priestley et Scheele, ces trois hommes qui en 1773 parurent sur la scène du monde, et devaient changer la face des sciences. »

de dessin avec leurs nombreuses applications aux arts et à l'industrie, des cours de langues étrangères, de chant, de musique, des exercices gymnastiques et militaires sont enchassés dans les matières les plus importantes de l'enseignement, de telle sorte, qu'au lieu de fatigue, les élèves y trouvent une agréable récréation (1).

Cette concordance dans les matières accessoires de deux enseignements distincts dans un même établissement, au lieu de le faire baisser, y a déjà relevé le niveau des études classiques (2) et les récents succès obtenus dans les concours et les épreuves des deux baccalauréats par les élèves latins et français, présagent une ère de brillants résultats pour l'avenir (3).

---

(1) Le cours de législation usuelle est fait par un jeune docteur en droit qui soutient la belle réputation de son père et de son aïeul au Barreau, et celui d'hygiène par un de nos plus savants médecins.

(2) Les études classiques viennent aussi de recevoir leur couronnement par la création d'une chaire spéciale de philosophie et, indépendamment de la surveillance officielle de l'inspecteur d'Académie, des professeurs de Faculté sont chargés par la Ville d'examiner les élèves à des époques périodiques.

(3) L'instruction donnée dans l'établissement est : classique, spéciale ou élémentaire, suivant l'âge des élèves ou la diversité des carrières qu'ils se proposent de parcourir.

ENSEIGNEMENT CLASSIQUE.

Ceux qui se destinent aux professions libérales ou qui sans projet d'avenir bien arrêté se proposent d'obtenir dans le diplôme de bachelier ès-lettres un certificat d'études bien faites, sont préparés à ce grade par un enseignement littéraire complet. Ceux qui, d'un autre côté, aspirent aux grandes écoles de l'État, ou bien veulent se livrer plus tard à l'étude de la médecine, de la pharmacie reçoivent en vue du baccalauréat ès-sciences un enseignement scientifique conforme aux nouveaux programmes.

Quinze professeurs dont deux pour l'Allemand et un pour l'Anglais sont spécialement chargés de l'enseignement classique à tous ses degrés.

Le programme est celui des Lycées.

ENSEIGNEMENT SECONDAIRE SPÉCIAL.

Cet enseignement organisé conformément à la loi du 21 juin 1865 reçoit les soins de quatorze professeurs particuliers.

Il procure à l'industrie, au commerce, à l'agriculture, aux administrations pu-

Ce n'est plus une académie, grand centre d'instruction des temps anciens, qui va revivre dans une localité, où pour toujours elle a cessé de briller ; c'est un collège national qui, soutenu par la munificence municipale et marqué de la forte empreinte de la main heureuse et prévoyante qui le dirige, se transformera jusqu'à ce qu'il devienne un nouveau foyer d'instruction, moins éclatant que l'ancien, mais plus fécond et plus utile, puisque tout en fortifiant la partie élevée des études, il doit développer au sein de la ville tous les germes de sa prospérité industrielle.

---

bliques d'utiles et puissants auxiliaires et ouvre aux élèves les plus intelligents l'entrée des grandes écoles scientifiques.

Les cours sont de quatre années dont la première est préparatoire.

Toutes les *matières prescrites par les programmes officiels* sont reparties de telle sorte que chaque année forme un tout complet en soi et comme les notions les plus ndispensables sont placées dans les premiers cours, l'élève emporte toujours des connaissances immédiatement applicables lorsque les exigences de la vie le forcent à quitter prématurément le collège.

Grâce à une année, deux au plus, d'études complémentaires les élèves qui ont suivi les cours avec succès peuvent se mettre facilement en mesure de subir les épreuves du baccalauréat ès-sciences.

ENSEIGNEMENT ÉLÉMENTAIRE.

Comme moyen de préparer les enfants à *l'une ou l'autre des deux principales divisions de l'enseignement secondaire* l'établissement possède deux classes élémentaires, divisées en plusieurs sections suivant l'âge et la force de chacun.

Trois professeurs sont spécialement chargés de cet enseignement.

ENSEIGNEMENT RELIGIEUX.

L'enseignement religieux est donné à tous les élèves du culte catholique par un aumônier, à ceux de la religion évangélique par le pasteur, à ceux du culte israélite par le rabbin...

Nota. — La gymnastique, l'escrime et la musique soit vocale soit instrumentale font aussi partie de l'enseignement.

Les élèves âgés de 16 ans et au-dessus reçoivent en outre l'instruction militaire et des leçons d'équitation.

DEUXIÈME PARTIE.

LE COLLÉGE DE L'AVENIR.

« Les connaissances générales sont nécessaires à tous parce que tous
« sont appelés à l'enfantement de l'avenir. »

Le tableau en réduction que nous venons d'esquisser à grands traits
suffit pour rappeler les progrès rapides qui dans ces derniers temps ont
été accomplis dans l'instruction populaire et faire pressentir l'heureuse
influence qu'aurait sur l'avenir intellectuel de la jeune génération
un accord plus complet et plus *harmonique* entre l'enseignement
secondaire spécial et l'enseignement classique réformé.

Dans ce dernier, le mouvement de réorganisation a été bien moins
énergique et ne s'est produit qu'avec une lenteur réfléchie.

Innover, modifier même, est chose toujours difficile et souvent
dangereuse dans ces régions tempérées de l'instruction publique et
cependant, sans méconnaître ses constants efforts pour maintenir à
hauteur le niveau des études libérales, on peut reprocher à l'Université
de professer encore un culte trop exclusif des anciennes méthodes et
de continuer à produire de ces bacheliers qui, s'ils n'ont le courage à
la sortie des bancs du collège de se livrer à des études spéciales, ne
peuvent satisfaire aux exigences de la société nouvelle ni jouir plei-
nement des bienfaits d'une civilisation scientifique et productive sans
limites.

Aussi devient-elle tous les jours plus ardente la critique de tous les
bons esprits qui, pour rendre l'instruction universitaire plus pratique
et plus utile, réclament une prompte réforme dans l'enseignement.

Il ne suffit pas à leurs yeux qu'il soit mis à la portée de toutes les
classes en le scindant en deux branches parallèles, il faut que, pour
répondre aux aspirations et aux besoins nouveaux du pays, les méthodes

y soient combinées de manière à ce qu'il satisfasse aux aptitudes de l'enfance de *tout âge et de toute condition*.

Ce nouveau mouvement dans le progrès de l'instruction populaire ne pouvait tarder à se produire dans un pays où, depuis si longtemps les lois consacrent le principe d'égalité dans les conditions d'admissibilité des citoyens à toutes les fonctions.

Les projets abondent, d'heureux essais ont eu lieu, les expériences les plus concluantes ont été accomplies et l'initiative privée a commencé à frayer la voie nouvelle que l'université doit suivre (1).

La ville de Sedan, après le grand désastre qui a fait tomber les obstacles opposés à l'extension de son industrie, est encore une fois, comme après 1830, appelée à devancer l'heure du progrès.

Elle trouve, en effet, dans son collège libre et bien organisé tous les éléments nécessaires pour le transformer en un établissement d'un *genre unique* qui, sans laisser oublier son ancienne renommée littéraire, donnera un vif essor et un nouveau lustre à son industrie.

L'heure est propice et il est facile, si ce n'est d'accomplir dès maintenant cette œuvre de progrès, d'en assurer au moins la réalisation dans l'avenir, en simplifiant les moyens pour parer à l'insuffisance des ressources et en avançant avec précaution, pour ne pas se heurter à la borne des réglements universitaires.

A vrai dire, ce sont ces réglements qui seuls font obstacle, en exigeant que l'enseignement secondaire classique commence dès l'âge de sept ou

---

(1) Le créateur de l'établissement scolaire d'Ivry et les fondateurs de l'Ecole Monge ont, à côté de celui de M. Saint-Marc-Girardin, glorieusement attaché leurs noms à la solution du grand problème de l'éducation professionnelle en France.

Dans ce même ordre d'établissement, Paris outre le Collège Chaptal a encore ses écoles municipales Colbert, Lavoisier et d'Auteuil, fonctionnant à l'instar de l'école Turgot.

Dans l'Ecole Monge l'enseignement du grec et du latin est reculé au-delà de l'âge de 12 ans et l'étude de ces langues mortes qu'il est inutile de savoir parler ou écrire sert de complément à l'étude du français.

L'organisation de cette école fameuse pour la préparation aux grandes professions commerciales et industrielles ne laisse rien à désirer et une foule d'élèves sortant de là, montent à l'assaut dans nos grandes écoles.

Au Collège Chaptal l'étude de la langue latine est resté, nous croyons, facultative.

huit ans, ce qui fait qu'à douze ans l'enfant est trop âgé pour commencer des études classiques.

C'est une grande et funeste erreur que réprouve la marche naturelle de l'esprit et que l'expérience condamne irrévocablement.

Ce ne sont point des idées qui nous soient exclusivement personnelles que nous émettons, ce sont celles d'hommes qui font autorité dans cette grave matière.

Et nous affirmons avec eux :

Que l'étude des langues mortes place l'enfant dans un ordre d'idées abstraites qui flottent confuses dans son esprit tant que ses facultés n'ont pas été développées au moyen d'études d'un plus facile accès ;

Qu'après avoir appris à connaître les objets qui l'entourent, qui l'intéressent, qui provoquent la réflexion, qu'après s'être familiarisé avec sa langue maternelle et avoir amassé dans sa mémoire une foule de faits et de circonstances qui ont fait éclore son jugement, il peut aborder avec plus de facilité et de succès les études classiques ;

Qu'on peut alors lui enseigner plus *vite* et *mieux* les langues grecques et latines.

Tel est, en effet, le chemin le plus court et le plus sûr qui conduise à la science, la mise en action de l'intelligence et de la mémoire devant précéder le travail de la réflexion et du jugement.

Cette mise en action est le fait de l'instruction primaire et ce n'est pas de nos jours qu'on peut nier que ce fond commun d'instruction, objet de l'enseignement primaire ne soit nécessaire à *tous* lorsqu'on a vu tant d'écoliers qui, retirés du collège d'où ils n'avaient aperçu le monde extérieur qu'à travers des idées générales empruntées à l'antiquité, étaient incapables de réfléchir et de juger par eux-mêmes et avaient peine à trouver leur place dans la société.

Bien des améliorations ont eu lieu, sans doute, et les programmes des classes élémentaires classiques contiennent l'*énoncé* des matières les plus essentielles de l'enseignement primaire.

Ce serait pour le mieux, si ces matières y étaient enseignées à l'exclusion des éléments des langues mortes qui ont toujours le pas sur ces leçons de choses dont la diversité plaît tant à l'enfance, dont la compréhension facile développe plus rapidement chez elle les facultés de l'âme.

Il n'en est pas ainsi, et, tant que l'enseignement primaire *seul* ne formera pas la base des *deux* enseignements secondaires, l'enfant assujetti à des études au-dessus de son âge et de ses forces, perdra un temps précieux, sera exposé pendant de longues années à n'apprendre que des choses qui ne pourront lui être utiles pour exercer les professions ou les fonctions qu'il sera appelé à remplir. Il se trouvera toujours dans une véritable impasse lorsque, engagé dès les premiers ans dans l'une des voies de l'enseignement soit classique, soit spécial, il ne trouvera point d'issue pour sortir de l'une et rentrer dans l'autre.

N'arrive-t-il pas quelquefois que, devant l'enfant, s'ouvrent des perspectives autres que celles entrevues et souvent, qu'un goût, une aptitude spéciale, une intelligence d'élite se révèlent inopinément chez lui.

Il est trop tard, il n'a plus le temps de faire, avant la limite d'âge, les études nécessaires pour atteindre le but désiré.

C'est à ce propos qu'un ministre dont le passage au pouvoir a été de trop courte durée (1) exprimait le vœu « que l'on combinât les » diverses méthodes d'enseignement de manière que, par exception, » on pût sans trop d'effort et s'il y avait lieu, ramener les élèves » français dans les rangs de l'instruction secondaire classique ! »

Eh bien, cette combinaison qui sera le *prélude* d'une radicale réforme et qui, en 1850, et même à l'époque de la bifurcation universitaire n'était pas possible est devenue facile aujourd'hui et s'impose à une localité qui jouit d'un enseignement secondaire spécial bien organisé et où la main libérale de la municipalité s'est toujours ouverte pour doter largement l'instruction populaire.

De quoi s'agit-il en effet ?

De combiner un ordre d'études tel qu'au début de ses classes l'enfant reçoive un enseignement commun qui le mette en état de suivre à volonté les classes latines ou les cours de l'école secondaire spéciale, de manière qu'à un moment donné, il puisse revenir dans les rangs de l'un ou de l'autre sans perdre de temps et sans être obligé de revenir sur ses pas ; de manière, par exemple, que l'élève de l'école

---

(1) M. Rouland.

secondaire spéciale puisse, après avoir obtenu son certificat d'études, être ramené dans les classes supérieures et faire, avant la limite d'âge, des études suffisantes pour l'admission aux baccalanréats et aux grandes écoles du gouvernement (1).

La mesure qui marquera le plus grand pas à faire pour arriver à l'inauguration du Collége de l'avenir consistera donc dans le remplacement des classes élémentaires par des cours d'où sera exclue l'étude des langues mortes et dont le programme, outre l'enseignement des langues vivantes, comprendra une instruction primaire plus complète et plus élevée.

S'il convient de rompre avec le passé, n'est-ce pas surtout dans la substitution de ces nouvelles assises à l'ancienne base des études classiques ?

A la sortie de cette école primaire supérieure, les élèves qui se proposent de faire des études classiques seraient admis à suivre un cours commun de deux années en remplacement des classes de 7e et de 6e, aussi bien que ceux qui, mieux doués de la nature, ou plus favorisées de la fortune, ne seront pas forcés d'entrer de suite à l'école secondaire spéciale.

Arrivés alors à l'âge de la réflexion, capables de comparer, et d'aborder les abstractions, ils pourraient en deux ou trois ans, les *uns* remplir le programme des classes de grammaire, les *autres* voir les premiers éléments des langues *grecque* et *latine* et faire en même temps le cours de la 1re année de l'école secondaire spéciale (2).

---

(1) Dans ces dernières années nous avons applaudi aux succès de plusieurs élèves qui après avoir obtenu le certificat d'études à l'école secondaire spéciale et consacré deux ou trois ans au plus aux études classiques ont subi avec distinction les épreuves du Baccalauréat, se sont assis au premier rang dans les classes supérieures de nos grands lycées et se préparent aux examens d'admission à l'Ecole Centrale, à l'Ecole Polytechnique et même à l'Ecole Normale supérieure.

Un fait digne de remarque, c'est que plusieurs de ces élèves sont fils d'instituteurs primaires.

(2) L'étude de ces premiers éléments si ce n'est de la Syntaxe de la langue grecque devrait faire partie du programme de toute école secondaire spéciale; car elle est, plus que l'étude de la langue latine elle-même, le complément indispensable de celle de la langue française. Sans cesse le vocabulaire scientifique et commercial puise

On aura ainsi à la base des études :

Une école primaire avec tous les compléments qu'exige ce premier degré d'une instruction préparatoire et au-dessus le *Petit collège* où seront enseignés à deux catégories d'élèves, aux uns les matières des classes de grammaire des études classiques et aux autres, *outre ces matières*, celles qui composent la 1re année de l'école secondaire spéciale (1).

Cette école n'en conservera pas moins ses trois années, et il ne restera plus qu'à poser son couronnement en créant un cours *distinct* d'enseignement professionnel d'une année qui sera consacré à l'apprentissage dans l'industrie locale.

Un atelier sera destiné au tissage des draps, et un laboratoire à la

---

une foule de mots nouveaux à cette mine inépuisable et l'on a dit avec raison : « Que bientôt ces mots nouveaux se multiplieraient à ce point qu'ils ne laisseraient plus aucune trace durable dans l'esprit et que sans le secours de cette étude on ne pourrait plus arriver à la connaissance des choses qu'ils expriment. » Il serait donc fort utile de placer les racines grecques dans les programmes de l'école à la suite du dessin qui est l'écriture de l'industriel et de l'artiste

Au lieu de proscrire les racines grecques on aurait dû en rendre la culture plus attrayante et plus facile. Peu d'élèves, il est vrai, parviennent à s'inspirer du génie de cette langue, mais tous retirent de l'étude de ses premiers éléments de précieux avantages. L'artiste, l'homme du monde lui-même a besoin de connaître les racines grecques.

Que la langue grecque soit donc enseignée à l'égal du latin dans notre cours élémentaire de deux années que nous appellerons le petit Collège.

Le Livre du Maître de notre savant philologue Larousse pourrait dès maintenant être mis aux mains des élèves de l'école.

(1) Sera conservée aussi la classe préparatoire pour ceux des élèves qui à la sortie d'une école primaire n'auront pas acquis toutes les connaissances exigées pour être admis soit dans les classes du Petit Collège soit en 1re année de l'école secondaire spéciale.

Nous n'indiquons ici que les moyens qui nous paraissent praticables à l'époque de transition où nous sommes ; mais le jour n'est pas éloigné où les principes que nous venons d'invoquer recevront une application rigoureuse. Tous les élèves sans distinction, à la sortie de l'école primaire supérieure, suivront les cours du Petit Collège, lequel remplacera les classes de grammaire, et sortiront de là pour entrer, les uns à l'école secondaire spéciale, les autres dans les classes d'humanité si toutefois ces dernières sont conservées, leur insuffisance devenant évidente à côté de la forte organisation de nos lycées et de nos grands centres universitaires en projet.

manipulation et à l'enseignement de la chimie appliquée à la teinture des étoffes.

Et, dès maintenant, à la vue des travaux et des plans d'agrandissement de la ville, nous pouvons construire par la pensée le modeste monument qui répondra à cette nouvelle organisation des études.

Les stériles talus du rempart vont disparaître et la vue s'étendra au loin sur la vaste prairie.

Des cours spacieuses feront circuler l'air pur au centre de l'établissement assaini.

Ici une salle des exercices, là des salles de dessin.

Un gymnase, un atelier, un laboratoire.

Rien ne sera oublié de ce qui peut servir aux études et donner à la future génération une forte éducation physique et morale.

Il faut du temps pour que cette œuvre scolaire grandisse et se complète, mais ici l'heure a sonné à laquelle il convient d'assurer le succès en combinant une disposition des matières à enseigner, de manière à obtenir un ordre d'études qui satisfasse aux principales conditions du progrès, un ordre tel qu'entre les deux institutions d'enseignement secondaire puisse s'opérer à propos et sans perte de temps une bifurcation libre et raisonnée, tel enfin, qu'on y trouve des cours préparatoires à toutes les professions auxquelles les élèves pourront être destinés suivant leurs aptitudes et leurs moyens.

Est-il une école secondaire qui, par son éminent degré d'utilité, promette à la ville une prospérité plus certaine que celle dont les portes s'ouvriront au large devant les enfants les plus déshérités comme les plus favorisés de la fortune, où les études libérales seront une préparation à tous les services publics et où, en même temps, sans le céder en honneur à celles-ci, des études spéciales plus pratiques élèveront la puissance de l'industrie locale par l'application des découvertes de la science et des nouveaux procédés de l'industrie.

La culture des lettres qui forme le goût y sera plus attrayante et plus facile ; elle y trouvera même un puissant stimulant dans les connaissances variées qui ornent l'esprit de professeurs spécialistes. « L'on verra ainsi l'industrie s'élever par le goût et s'étendre par la » science. »

On ne peut plus se le dissimuler. De tous côtés, la ville industrielle est plus pressée que jamais par l'aiguillon de la concurrence et bien qu'elle ne soit plus appelée comme autrefois à briller au premier rang dans les lettres et dans les sciences ce n'est qu'à cette source vive qu'elles peut puiser les ressources qui lui sont nécessaires pour lutter contre ses rivales et contre l'étranger.

Sa prospérité future est à ce prix.

Au lieu de se désoler à la vue de la destruction des murailles, témoins de ses anciennes gloires, qu'elle reprenne courage et confiance.

De ces hauts remparts et de ces fossés infranchissables, ceinture étroite dans laquelle étouffait son industrie, il reste un vieux château qui suffit pour rappeler aux âges futurs que là est né un grand homme.

Mais qu'elle périsse, la mémoire de ces murs néfastes qui annonçaient la résistance et devaient la défendre contre l'ennemi, et qu'à leur place s'élève une nouvelle citadelle qui la protége, non plus contre la force matérielle, mais contre l'ignorance, la routine et la concurrence étrangère, les vrais ennemis de sa prospérité commerciale et industrielle.

Ses finances sont redevenues prospères, elle a devant elle de l'air et de l'espace, dans son sein de grands industriels et à sa tête des hommes amis du progrès.

Qu'elle prenne donc une initiative hardie et se hâte d'ajouter un nouveau lustre aux profits que lui procure son rang élevé dans le monde industriel et que, se montrant toujours digne de sa vieille renommée, elle inaugure ce Collége de l'avenir dont elle a les bases et les matériaux sous la main et remplace ses armoiries guerrières par l'image des divinités tutélaires de sa fortune « la Science donnant la main à l'Industrie. »

FRANÇOIS-FRANQUET.

AMIENS. — TYPOGRAPHIE DELATTRE-LENOEL, RUE DES RABUISSONS, 30.

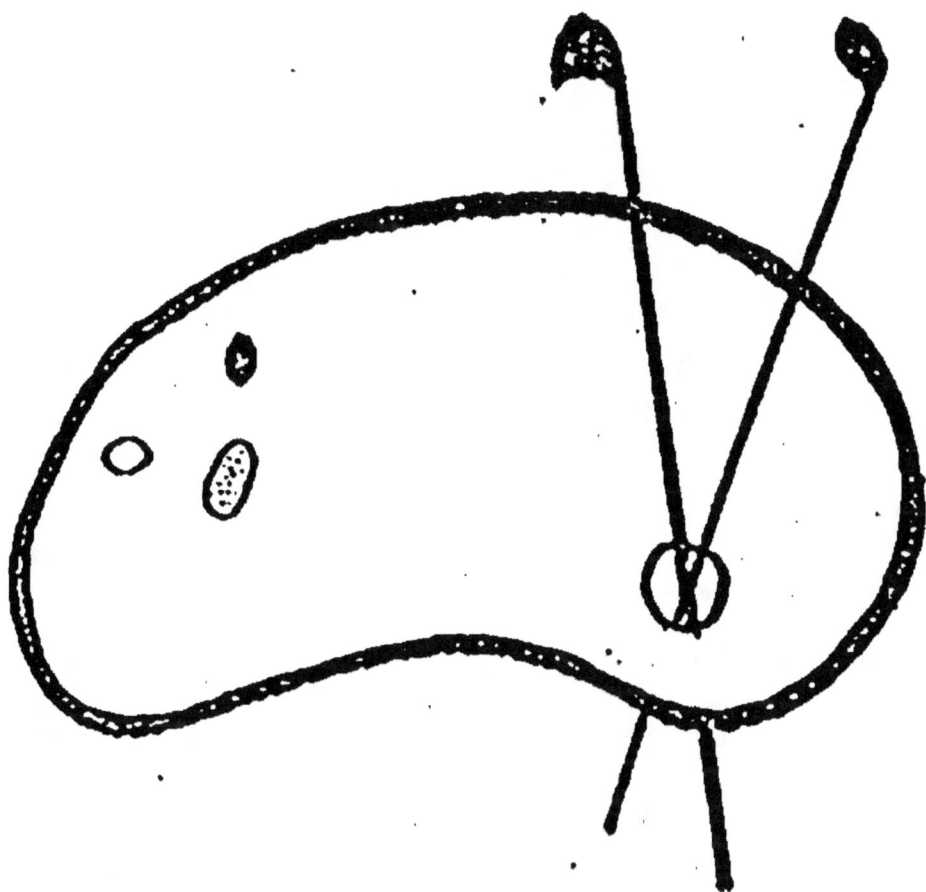

ORIGINAL EN COULEUR
NF Z 43-120-8

www.ingramcontent.com/pod-product-compliance
Lightning Source LLC
LaVergne TN
LVHW022030080426
835513LV00009B/949